Allen Freunden des Bayerischen Hofs *ist
dieses Buch zu seinem 175-jährigen Bestehen gewidmet.
Wir danken unseren treuen Gästen und Mitarbeitern,
die unser Haus prägen und es zu einem
einzigartigen Ort der Begegnung machen,
einer Welt für sich.*

Ihre Familie Volkhardt

*This book is dedicated to all friends of the
Bayerischer Hof on its 175th anniversary. We would
like to thank our faithful guests and loyal employees
who make our hotel what it is – a unique meeting place:
a world of its own.*

Yours Family Volkhardt

WILLKOMMEN
BIENVENUE
WELCOME

Viele Wege führen in den *Bayerischen Hof*. Durch die große Drehtür am Promenadeplatz gelangt man ebenso ins Foyer wie durch die Ladenpassage von der Kardinal-Faulhaber-Straße. Von der Prannerstraße her, vorbei an der *Komödie*, dem Theater, ebenso wie durch die Tiefgarage. Der *Bayerische Hof* ist ein von allen Seiten offenes Haus.
Offen für Gäste aus aller Welt, aber auch für die Münchner. Offen für jeden, der Ruhe finden, Feste feiern, Geschäfte voranbringen, Freunde treffen oder München erkunden will. So, wie man ihn von den verschiedensten Seiten betreten kann, so kann man ihn von den unterschiedlichsten Seiten kennenlernen. Genau genommen ist der *Bayerische Hof* eine Stadt in der Stadt, eine Welt für sich gelegen im Herzen von München. Ein Haus mit einem Theater, einem Kino, einem Night Club, einem Spa, Geschäften und Raum zum Arbeiten und zum Entspannen. Ein Haus, in dem wir die Spitzengastronomie ebenso pflegen wie die bayerische Wirtshauskultur.
Ein Haus, in dem sich Menschen aus aller Welt begegnen. Und damit ein besonderes Stück München. Ein neuer Weg zum *Bayerischen Hof* ist dieses Buch. Es erzählt Geschichten aus 175 Jahren, von Menschen, die die Geschichte des *Bayerischen Hofs* prägen und geprägt haben, von unvergesslichen Begegnungen und großen Momenten. So, wie Sie unserem Haus von den verschiedensten Seiten aus begegnen können, so können Sie auch dieses Buch lesen. Von vorn nach hinten, ganz klassisch. Sie können darin blättern und sich treiben lassen von Geschichte zu Geschichte, von Bild zu Bild. Und es immer wieder zur Hand nehmen, um ein spannendes Detail zu entdecken. Sie haben die Wahl.

There are many ways to enter the *Bayerischer Hof*: the large revolving door on Promenadeplatz into the hotel lobby or the row of shops along Kardinal-Faulhaber-Straße. From Prannerstraße, past the *Komödie* theater, and up from the underground garage. The *Bayerischer Hof* is accessible from every direction, open to guests from all over the world as well as the people of Munich. Open to those looking for a quiet place to sit or to celebrate special occasions, do business, meet friends or simply get to know Munich. And it can also be viewed from surprisingly different perspectives. The *Bayerischer Hof* is a city within a city, a world of its own in the heart of Munich. It's a hotel with its own theater, screening room, night club, spa, shops and places to work or relax. A hotel that sets as much store by superb gourmet meals as by traditional Bavarian fare. A place where people from every corner of the world meet – and a very special part of Munich.

Another way to enter the *Bayerischer Hof* is through this book. It tells stories from its 175 years as a hotel, stories about the people who have made its history and those who are making it now, stories about unforgettable encounters and historical moments. And just as you can enter our hotel from almost any direction, you can read this book as you please. In the traditional way, from start to finish. By flipping through the pages and allowing yourself to be carried from story to story, picture to picture. And by picking it up again and again to discover another exciting detail. Whatever you choose.

Viel Vergnügen, *Enjoy!*
Ihre, *Yours*

Innegrit Volkhardt

Me and my freinds
Had a lovely time here

"Oh, shiT"
they said in Unison
When they Realised it was
time to Go....

Robbie Williams

Gästebucheintrag von
Robbie Williams 2011

*Guestbook entry by
Robbie Williams 2011*

Inhalt

10	**KÖNIG LUDWIG I.** Der Erfinder Münchens *Inventor of Munich*	54	**FALK VOLKHARDT** Erinnerungen von Helmut Reiss, Manfred Schreiber, Erika Volkhardt und Arthur Cohn *As remembered by Helmut Reiss, Manfred Schreiber, Erika Volkhardt and Arthur Cohn*
16	**FRIEDRICH VON GÄRTNER** Der Architekt des Königs *The king's architect*	72	**KIRK DOUGLAS** Hollywood beim Bal Paré *Hollywood at the Bal Paré*
22	**GRAF VON MONTGELAS** Der Reformer Bayerns *Bavaria's reformer*	76	**SIGI SOMMER** Auf Streifzug im Fasching *An expedition through Fasching*
26	**RICHARD WAGNER** Wie er sein Glück in München findet *How he finds his happiness in Munich*	80	**JOHANN BAPTIST OBERMAIER** Chronist der heimlichen Hauptstadt *Chronicler of the secret capital*
30	**HERRMANN VOLKHARDT** Der mutige Gründer *The courageous founder*	84	**ROMY SCHNEIDER** Furore auf dem Filmball *Furor at the Film Ball*
34	**SIGMUND FREUD** Showdown in München *Showdown in Munich*	94	**HELMUT DIETL** Im Gespräch mit Innegrit Volkhardt *In conversation with Innegrit Volkhardt*
40	**FRANZ KAFKA** Ein grandios missglückter Auftritt *A grandiose failed public appearance*	102	**SIEGWARD GRAF PILATI** Meister des Unaufdringlichen *Master of the understated*
42	**KURT EISNER** Der Revolutionär *The revolutionary*	108	**FRANZ BECKENBAUER** Der Kaiser und die Tenne *The kaiser in Kitzbühel*
44	**HERMANN VOLKHARDT** Diplomat in schwieriger Zeit *Diplomat in difficult times*	112	**HELMUT LANG** Eine Boutique voller Trophäen *A boutique full of trophies*
48	**HANNELORE ELSNER** Auf der Bühne im Hotel *On stage in the hotel*	116	**MUHAMMAD ALI** Der Größte siegt in München *The Great One triumphs in Munich*

118	**HEINER LAUTERBACH** Ein guter Freund *A good friend*	180	**HILLARY CLINTON** Wir müssen reden: die Sicherheitskonferenz *We need to talk: the Security Conference*
120	**CHARLES SCHUMANN** Über das Wesen von Hotelbars *On the essence of a hotel bar*	186	**FRIEDRICH GULDA** Allen Erwartungen zum Trotz *Exceeds all expectations*
126	**ALBERT OSTERMAIER** Ode an den *Bayerischen Hof* *Ode to the Bayerischer Hof*	188	**HILDE SIGLMÜLLER** Hüterin der Gründlichkeit *Protector of thoroughness*
128	**INNEGRIT VOLKHARDT** Über die Kunst, Traditionen zu bewahren und zugleich Zukunft zu gestalten *On the art of preserving tradition and shaping the future*	196	**CLAUS OGERMAN** Der Mann im Hintergrund *The man in the background*
140	**ERICH KÄSTNER** Zu Gast im Spiegelsaal *A guest in the Mirror Hall*	200	**MICHAEL JACKSON** Der King vom Promenadeplatz *The King of Promenadeplatz*
154	**ANDRÉE PUTMAN** Die Grande Dame und der Blue Spa *The Grande Dame and the Blue Spa*	204	**AXEL VERVOORDT** Über den Zusammenhang von Philosophie und Design *On the relationship between philosophy and design*
160	**THOMAS GOTTSCHALK** Zuhause in Suite 672 *At home in Suite 672*	212	**JEFF KOONS** Inspiration aus dem Foyer *Inspiration from the foyer*
162	**DIETMAR MÜLLER-ELMAU** Über die Zukunft von Luxushotels *About the future of luxury hotels*	216	**PATRICK JOUIN & SANJIT MANKU** Die Tüftler aus Paris *Creative spirits from Paris*
170	**MARISS JANSONS** Ein Dirigent sucht Ruhe *A conductor seeks quietness*	220 222	Namensregister / *Index* Impressum / *Publication Details*
174	**EDMUND STOIBER** Über das Bayerische am *Bayerischen Hof* *What makes the Bayerischer Hof so Bavarian*		

Content

König Ludwig I. auf einem Gemälde von Joseph Karl Stieler

King Ludwig I. painted by Joseph Karl Stieler

König LUDWIG I

hat München geprägt wie kein anderer Monarch. Er verlieh der Stadt jenen Glanz, der sie bis heute zu einer der schönsten Städte Europas macht.

Mit seiner Weitsicht und ästhetischen Bildung schuf er sich und der ganzen Herrscherfamilie Wittelsbach ein Andenken, das jeder Besucher in der Münchner Innenstadt immer noch auf Schritt und Tritt bestaunen kann.

Ludwig I. gehörte zu einer Generation von Landesfürsten, die erkannte, dass man Nachruhm und die Zuneigung des Volkes nicht mehr auf den Schlachtfeldern gewinnt, sondern im Einsatz für Wissenschaft und Kunst. Das wurde der Leitgedanke seiner Regentschaft, sein fortwährender Wunsch war es, München so zu gestalten „(...) dass niemand Deutschland kennen soll, der München nicht kennt." Er machte es zur Königsstadt und beließ es nicht bei einigen Prunkfassaden, nein, er formulierte eine neue und ganzheitliche Stadtplanung, die historische Grundzüge berücksichtigte und ihr entscheidende Aspekte hinzufügte. Ein paar Schritte vom Hotel *Bayerischer Hof* entfernt, hat er mit der Ludwigstraße eine monumentale Achse geschaffen, in der sich Feldherrnhalle, Universitätsgebäude, Ministerien, Konzertsäle, die Ludwigskirche, Staatsbibliothek und das Siegestor zu einem ebenso einheitlichen wie prachtvollen Ensemble verbinden – eine Straße wie eine große Sinfonie. Zur Seite standen dem kunstsinnigen König dabei mit Friedrich von Gärtner und Leo von Klenze zwei der bedeutendsten Baumeister im süddeutschen Raum. In ihrem Stil flossen italienische Renaissance und Romantik ebenso zusammen, wie der vom König vorgetragene Wunsch nach antiker Solidität seiner Bauten und klassizistischer Formgebung – zu sehen etwa in der Gestaltung des Königsplatzes oder der überwältigend schlichten Anmutung des großen Obelisken, den der König in Gedenken an die bayerischen Opfer im Russlandfeldzug 1812 errichten ließ. Ludwigs Wunsch war es auch, dass sein

King Ludwig I left his mark on Munich like no other. He gave Munich a splendor that makes it one of Europe's most beautiful cities. With foresight and an esthetic perspective, he created a monument to himself and the whole Wittelsbach dynasty.

Ludwig I belonged to a generation of princes who recognized that popular support was not won on the battlefield but rather by supporting science and art. His reign aimed to make Munich synonymous with Germany, making it into a royal city – and he didn't stop with just a few facades. No, he devised a new, inclusive city plan that took historical features into account but added decisive new elements. Just a few steps away from the *Bayerischer Hof,* he created the Ludwigstraße, a historic artery that brings many landmark structures into an ensemble that is both consistent and glorious like a major symphony.

Assisting the king were Friedrich von Gärtner and Leo von Klenze, two of southern Germany's top architects. Their style combined Italian Renaissance und Romanticism, embodying antique solidity and classic forms evident in the layout of Königsplatz and the large obelisk commemorating Bavarian victims of the Russian Campaign in 1812. Ludwig also wanted his beautiful Munich to have a suitable hotel for state visitors, and in 1839 he confided this wish to industrialist Joseph Anton von Maffei. Maffei bought an old

Pracht
Hotelhalle um 1910
(l.). Der Königssaal im
Palais Montgelas

Grandeur
*Hotel hall around 1910
(l.). The King's Hall
in the Palais Montgelas*

Hingabe
Des Königs späte Liebe, die Tänzerin Lola Montez, auf einem Gemälde von Joseph Karl Stieler (r.). Blick vom Montgelas- in den Königssaal (l. S.)

Dedication
The king's late love, the dancer Lola Montez, depicted in a painting by Joseph Karl Stieler (right). View from the Montgelas Hall to the King's Hall (left).

schönes München eine standesgemäße Herberge für Staatsgäste erhalte und vertraute diesen Wunsch im Jahr 1839 dem Industriellen Joseph Anton von Maffei an, dessen Familie aus Italien stammte. Der kaufte ein altes Wirtshaus am Promenadeplatz, das von Ludwigs Leibarchitekt Friedrich von Gärtner in ein Hotel umgebaut und 1841 eröffnet wurde. Dass es nach des Königs Geschmack geraten war, verrät ein intimes Detail aus den Geschichtsbüchern. In Ermangelung einer Badewanne bei Hofe, soll sich der König zweimal im Monat in das Hotel begeben haben – zum vorzeitlichen Day Spa.

Seine Hingabe an das Schöne wurde dem König letztlich auch zum Verhängnis. Als 60-Jähriger verliebte er sich heftig in die junge Lola Montez, eine gebürtige Irin, die es als spanische Tänzerin schon zu einem zweifelhaften Ruf gebracht hatte. Die schillernde Dame war 1846 nach München gekommen und im Hotel *Bayerischer Hof* abgestiegen. Auf der Suche nach einem Engagement sprach sie alsbald bei Hofe vor und gab eine Kostprobe ihrer Bühnenkunst – mit durchschlagendem Erfolg. Ludwigs großzügige Unterstützung umfasste in der Folge nicht nur eine eigene Wohnung und monatliche Apanage für Lola Montez, sondern später auch Einbürgerung und Adelstitel. Ob die ersten Treffen zwischen König und Konkubine dabei in den Räumen des Hotels am Promenadeplatz stattfanden oder doch an einem geheimen Ort, darüber streiten sich die Historiker. Ihr diskretes, eigenes Palais in der Barerstraße folgte jedenfalls recht schnell. Konservative und akademische Kreise nahmen dem König die unschickliche Liaison allerdings bald übel, es kam zu hitzigen Protesten und schließlich sah sich Ludwig zu immer mehr Maßnahmen gegen seine Geliebte gezwungen, um die Ruhe in der Stadt wieder herzustellen. Über diese Zugeständnisse an die Staatsräson wurde Ludwig seines Amtes müde, am 20. März 1848 dankte der König ab und übergab die Reichsinsignien an seinen Sohn Maximilian. Noch weitere zwanzig Jahre suchte der König nach vollkommener Schönheit, finanzierte immer neue Kunstdenkmäler und starb schließlich mit 81 Jahren nach einem erfüllten Leben in Nizza. Er hat dafür gesorgt, dass die Erinnerung an ihn in München und Bayern bis heute allgegenwärtig ist.

tavern on Promenadeplatz and had Gärtner convert it into a hotel. It opened in 1841, and history books reveal how well it suited the king's taste. Since there was no bathtub at court, the king visited the hotel twice a month – an early version of a day spa.

His devotion to beauty was ultimately his downfall. At age 60, he fell in love with the young Lola Montez, an Irishwoman with a somewhat dubious reputation as a Spanish dancer. The colorful lady had come to Munich in 1846 and took up residence at the *Bayerischer Hof*. Seeking an audience, she presented herself at court and met with overwhelming success. Ludwig's generous support thereafter included an apartment and monthly allowance, and later naturalization and a title (Countess of Landsfeld). Historians disagree whether the King and his mistress met in rooms at the hotel on Promenadeplatz. He found himself forced to take steps against his lover to restore peace to the city. These concessions made Ludwig tire of his office, and he abdicated on March 20, 1848, handing over the crown to his son Maximilian. For another twenty years, the King sought beauty, funded monuments and finally died in Nice at the age of 81, after a full life, knowing his name would be remembered in Munich and Bavaria long into the future.

FRIEDRICH *von* GÄRTNER

war der Architekt des Königs. Zwar stand er lange Zeit im
Schatten seines Rivalen Leo von Klenze – doch
es war vor allem Gärtner, der München ein neues Gesicht,
ein neues Stadtgefühl gab.

Der Haupteingang des *Bayerischen Hofs* 2014

Main entrance into the Bayerischer Hof *2014*

Original
Der *Bayerische Hof,*
nach dem Entwurf
von Friedrich von
Gärtner um 1850.
Joseph Anton
Ritter von Maffei, der
Bauherr des Hauses
(r.o.).

Original
The Bayerischer Hof,
based on *the design of
Friedrich von Gärtner
around 1850.
right: Joseph Anton
Ritter von Maffei,
the builder.*

Zunächst scheint Leo von Klenze dafür der einzig richtige Baumeister zu sein. Der königliche Hofbauintendant darf den Königsplatz mit der Glyptothek, die Alte Pinakothek, die Residenz und die Ruhmeshalle entwerfen. Klenze orientiert sich streng am Vorbild der klassischen Antike – im Gegensatz zu seinem jüngeren Kollegen Gärtner, der einem freieren Kombinieren der Stile folgt, sich dem Fantastischen des Mittelalters ebenso wie dem Schönen der Romantik widmet. Gärtner wird dem König 1826 als der Architekt empfohlen, der Klenze gewachsen sei, um neben ihm die Bauaufgaben in München zu erfüllen. Der Ältere sieht den Jüngeren bald als Dorn im Auge. Gärtner wiederum nennt Klenze in vielen seiner Briefe nur „den anderen".

Es ist ein Kampf der Regeln gegen den Instinkt. Der Einseitigkeit gegen die Vielfalt; Letztere scheint dem Geschmack des Königs eher zu entsprechen. Denn wie dieser seine Liebschaften – so notiert es Klenze später genervt in seinen Tagebüchern – „bald blond, bald braun, bald groß, bald klein, bald sanft, bald feurig liebte und wählte, so wechselte auch stets sein Geschmack in der Architektur." Friedrich von Gärtner entsprach dieser Offenheit, die dem Gefühl folgt. Im Jahr 1828 bekommt er mit dem Bau der Staatsbibliothek seinen ersten großen

Von Gärtner was the King's architect. It is true that he remained in the shadow of his arch rival, Leo von Klenze, for a long time – but it was really Gärtner who gave Munich its new face and a new sense of itself as a city. Initially, Klenze had a stranglehold on important commissions. As Royal Architect, he designed many landmarks that are all still major Munich attractions. Klenze revered classical architecture – in sharp contrast to his younger colleague, Gärtner, who preferred a combination of medieval and romantic styles. The two architects clashed in a contest of rules against instinct, of single-mindedness against versatility – the latter seemed to better suit the King's taste. The King's versatile taste in mistresses – going from blond to brunette, tall to short, meek to fiery – paralleled his flexible taste in architecture. Gärtner appreciated his openness to emotional responses. Gärtner was recommended to the King in 1826 as an architect equal to Klenze, who could design buildings worthy of Munich. In 1828,

„GÄRTNERS BAUTEN GEBEN DER LUDWIGSTRASSE *die Grandezza* EINER EUROPÄISCHEN STADT."

Umbau
Der *Bayerische Hof* um 1910, nach Restaurierung durch Hermann Volkhardt

Renovation
The Bayerischer Hof *around 1910, after Hermann Volkhardt's renovation*

Auftrag. 1835 darf er den Monarchen auf einer wichtigen Reise nach Athen begleiten. Dort baut Gärtner das Schloss für Ludwigs Sohn, König Otto I. von Griechenland. König und Architekt kommen sich so nahe, wie es damals auf Reisen üblich war: Man teilt Mahlzeiten, Reisewagen und das Geschaukel über holprige Straßen miteinander. Der König fährt mit seinem Architekten auch nach Rom, Neapel und Sizilien, er sucht die Nähe zum ideensprühenden, starken Gärtner, der ihn inspirierte. Spätestens nach diesen Reisen ist Ludwig I. zu einer Art Ziehvater für Friedrich von Gärtner geworden – der wiederum ist der neue Lieblingsarchitekt des Königs. Im August 1836 wünscht seine königliche Majestät, dass ein erstrangiges Hotel nach München komme.

Der spätere Reichsrat Joseph Anton Ritter von Maffei entspricht der Bitte des Königs und beauftragt Friedrich von Gärtner damit, am Promenadeplatz das Hotel *Bayerischer Hof* zu errichten. „Ein von Lichtern und Spiegeln schimmernder Bankettsaal (...), bei welcher (Feier) die Freude unverhohlen und allseitig über die vollständige und gelungene Ausführung eines die Hauptstadt in jeder Beziehung so sehr ehrenden, großartigen Unternehmens wie es der Gasthof ist, sich kundgab", heißt es in der Presse über den imposanten, eleganten Bau, in dem sich Jugendstil und Maximilianstil schon ankündigen. Gärtner baut auch die Schaufenster einer Metropole: Ludwigskirche, Feldherrnhalle und Siegestor – die neue Hauptachse der Stadt, die Ludwigstraße, wird zwar von Leo von Klenze begonnen, aber die Bauten von Friedrich von Gärtner geben ihr die Grandezza einer europäischen Stadt.

Mit Ludwig I. schafft er die Weite, die Räume, die Harmonie, die der Stadt etwas Erhabenes und zeitlos Schönes geben. Der König schenkt München dadurch ein Ansehen, das mit militärischer Stärke nicht zu erreichen war. Friedrich von Gärtner ist auf dem Zenith seines Schaffens, mit den vielen Projekten nahezu überlastet, als er am 16. April 1847 von einem Nervenschlag getroffen wird – er stirbt im Alter von 55 Jahren. Zu seinen letzten Bauten in München gehört der Neue Südfriedhof, den er selbst nicht mehr vollenden konnte, dafür wird er dort, auf ausdrücklichen Wunsch des Königs, als Erster bestattet. „Zum ehrenden Andenken des Vielen und Schoenen das er gebaut auch dieser Friedhof ist von ihm setzte dieses Grabmal Koenig Ludwig I. von Bayern", steht auf Gärtners Grabstein. Außerdem verfasste der König folgenden Vers für seinen Architekten: „Wie Du es selbst, sind Deine Gebäude gediegen, verkünden späten Geschlechtern noch den nicht erkünstelten Ruhm."

Mit Leo von Klenze, der die Befreiungshalle in Kelheim für den verstorbenen Rivalen fertig baute, konnte sich Friedrich von Gärtner nicht mehr versöhnen – selbst dem König war das nicht gelungen: „Klenze war Norddeutscher, aalglatt und nicht leicht zu fassen; Gärtner ein süddeutscher Charakter, aber ein Bär. Ich konnte beide nie zusammenbringen." Heute stehen die Büsten beider Architekten nebeneinander – auf dem Gärtnerplatz.

he was given his first major commission, the Staatsbibliothek (National Library).

In 1835 he accompanied the monarch on a trip to Athens. There Gärtner designed a palace for Ludwig's son, King Otto I of Greece. King and architect became very close, sharing meals and carriages. The king also took him to Rome, Naples and Sicily, enjoying his company and finding inspiration in the strong and imaginative Gärtner. After these travels, Ludwig I became a father figure to Friedrich von Gärtner – now his favorite architect. In August 1836, his royal majesty expressed a wish for a first-class hotel to open in Munich.

Joseph Anton Ritter von Maffei accepted the King's request and commissioned Gärtner to build the *Bayerischer Hof*. The opening ceremonies featured a banquet hall shimmering with lights and mirrors, reflecting the general delight at the successful completion of an undertaking that honored the capital city in every respect. Gärtner also designed the showcase of the metropolis: the Ludwigskirche, Feldherrnhalle and Siegestor ensemble. Although the new main artery of the city, the Ludwigstraße, was begun by Leo von Klenze, Friedrich von Gärtner's buildings gave it the grandezza of a European city.

In collaboration with Ludwig I, he created the broad vistas, space and harmony that give the city its noble and timeless beauty. Friedrich von Gärtner was at the peak of his creative output when he died in 1847 at age 55. The New Southern Cemetery was among his last projects in Munich. Unable to complete it during his lifetime, he was the first to be buried there – at the King's express wish. His tombstone read: "To the honored memory of the many beautiful things he built; this cemetery is also his work, and this monument is dedicated to him." Moreover, the King wrote the following verse for his architect: "Just like you, your buildings are dignified, showing later generations that you deserved your fame."

Friedrich von Gärtner had never reconciled with Leo von Klenze, who nevertheless completed the Befreiungshalle (Hall of Liberation) in Kelheim for his deceased rival. Not even the King could achieve that. Today, busts of both architects stand next to each other – on Gärtnerplatz.

Bau-Meister
Büste Friedrich von Gärtners auf dem nach ihm benannten Platz in München.

The king's architect
Friedrich von Gärtner's bust at the square in Munich named after him.

Montgelas-Denkmal von Karin Sander

Montgelas monument by Karin Sander

Maximilian GRAF VON MONTGELAS

war der Erfinder des modernen Bayerns. Es passt deshalb gut, dass sein Denkmal auf dem Promenadeplatz, kaum hundert Meter von der Lobby des *Bayerischen Hofs* entfernt, alles andere als ein klassisches Bronzedenkmal ist.

Staatsgeschäfte
Der Aufgang zur Suite 49
im Palais Montgelas

Affairs of State
*The stairs to Suite 49
in the Palais Montgelas*

Aus Aluminium gefräst, sechs Meter hoch und vor allem mit beiden Beinen auf der Erde, ohne Sockel – das hätte dem ersten modernen Staatsmann Bayerns gut gefallen. Innovationen und Visionen waren Montgelas stets ein Anliegen und obwohl zweihundert Jahre alt, haben sich viele Ideen dieses genialen Staatsmannes bis heute bewährt. Bayerische Schüler sollten zum Beispiel wissen, dass sie dem Grafen Montgelas das Zentralabitur verdanken, und bayerische Beamte sitzen bis heute in Amtsstuben und Ministerien, deren vorbildliche Verwaltungsstruktur und Effizienz Montgelas nachhaltig geprägt hat. Besonders hoch muss man diese Verdienste einschätzen, wenn man weiß, was für eine politische Unruhe seine Karriere begleitete.

Als Sprössling eines alten französisch-savoyischen Adelsgeschlecht war er bei einer Großmutter in Freising, in Sichtweite Münchens aufgewachsen und hatte in Nancy, Straßburg und Ingolstadt studiert. Schon in jungen Jahren fiel er als politischer Reformer und Kritiker der bestehenden Verhältnisse auf – große Strahlkraft erhielt sein Wirken aber erst, als er vom späteren König Max I. Joseph nach München geholt und mit den Regierungsgeschäften betraut wurde. Montgelas war dabei auf vielen Gebieten unermüdlich tätig – er förderte die Aufklärung und Säkularisation und drängte darauf, ein möglichst geschlossenes Staatsgebiet zu schaffen. Außerdem war er ständig in heiklen außenpolitischen Missionen unterwegs, schließlich war es die Zeit, in der Feldzüge Napoleons die Grenzen und Bündnisse Europas mehrfach neu ordneten. Bis zum Jahr 1817 prägte der leitende Minister Montgelas die Geschicke Bayerns und bereitete es unter anderem auch auf die erste moderne Verfassung im Jahr 1818 vor. Nebenbei erwarb der Mann mit dem „altfranzösischen" Stil und der auffälligen Nase einige schöne

Montgelas is considered the "architect" of modern Bavaria, so it is especially appropriate that his Promenadeplatz monument – located scarcely a hundred meters from the lobby of the Bayerischer Hof – is anything but a conventional bronze statue. Instead, it's made of machined aluminum. Standing six meters high with both feet planted firmly on the ground, not on a pedestal, it is a novelty that would doubtless have pleased Bavaria's first modern statesman. Montgelas was known as an innovator and visionary, and many of the ideas of this brilliant statesman are still viewed positively some two hundred years later. He introduced compulsory school education and vaccination. The offices and ministries of today's Bavarian civil servants owe their administrative structure and efficiency to Montgelas' ideas of government. An amazing accomplishment, given the political upheaval of his times.

A child of French-Savoy nobility, he grew up with his grandmother in Freising, near Munich, and studied in Nancy, Strasbourg and Ingolstadt. Even when quite young, he attracted attention as a political reformer and sharp critic of contemporary conditions, but he achieved real influence when he was called to Munich and given responsibilities in the Bavarian government by the man who later became King Maximilian I Joseph. Montgelas worked tirelessly, defending Enlightenment values, implementing secularization and insisting on creating a state that had well-defined and defendable borders. Moreover, he was constantly underway on delicate foreign policy missions, since this was when Napoleon's campaigns were continually rearranging Europe's borders and alliances. Until 1817, Montgelas guided Bavaria's fate as its Prime Minister, laying the way for its first modern constitution in 1818. In the process, the man known for his "old French style" and king-sized nose purchased several attractive properties in the city. He had Portuguese architect Emanuel Joseph von Herigoyen build him the classical city palace still associated with his name on Promenadeplatz, on top of the ruins of an old salt storage facility. The vaulted ceiling is still visible in the basement of the Palais. It was a magnificent building, fine enough to serve later as home to a number of ministries and the workplace of the Bavarian Prime Minister. After his forced

Grundstücke und ließ sich vom portugiesischen Architekten Emanuel Joseph von Herigoyen am Promenadeplatz auf den Ruinen eines alten Salzstadels ein klassizistisches Stadtpalais errichten, das bis heute mit seinem Namen verknüpft ist. Das Gewölbe ist im *Palais Keller* nach wie vor sichtbar. Es war ein Prunkbau, gut genug, um später als Sitz einiger Ministerien und Arbeitsplatz des Bayerischen Ministerpräsidenten zu fungieren. Nach seinem – politisch erzwungenen – Rücktritt verkaufte Montgelas das Gebäude mitsamt Mobiliar an den Bayerischen Staat und bezog eine Villa am Karolinenplatz. Viele historische Momente haben die Mauern des Palais Montgelas in den letzten zweihundert Jahren erlebt. Im Königssaal wurde Maximilian III. gekrönt, hier wurde die Säkularisierung bekräftigt, die Räterepublik gelenkt und vor seinen Mauern Kurt Eisner ermordet. Nach fast eineinhalb Jahrhunderten im Staatsdienst und zehn Jahren, in dem das Palais dem Erzbischöflichen Ordinariat diente, bekam der Komplex 1970 eine neue Aufgabe – und damit eine aufwendige Restaurierung. Der *Bayerische Hof* erweiterte seine Räumlichkeiten und band das Palais perfekt in die bestehende Gebäudestruktur ein. Es lag damals im besonderen Interesse der Familie Volkhardt weite Teile des ursprünglichen Charakters zu erhalten. Diese jüngste Renaissance des Gebäudes sorgte auch dafür, dass alles so blieb, wie es war. Schließlich gingen durch den Hotelbetrieb weiterhin gekrönte Häupter und Staatsmänner im Palais Montgelas ein und aus – allerdings nicht immer in Staatsgeschäften, sondern in angenehmeren Angelegenheiten.

Der Reformer
Graf Montgelas, Bayerns erster moderner Staatsmann, gemalt von George Desmarées

The Reformer
Count Montgelas, Bavaria's first modern statesman, painted by George Desmarées

Das Treppenhaus im Palais Montgelas

The staircase in the Palais Montgelas

resignation for political reasons, Montgelas sold the palace with all its furnishings to the Bavarian State and moved to a mansion on Karolinenplatz. Much history has taken place within the walls of the Palais Montgelas over the last two hundred years. It was where King Maximilian III was crowned and the monasteries were secularized.

At the end of World War I, it served as the headquarters of the short-lived revolutionary government, whose President Kurt Eisner was assassinated just outside its walls in 1919. After nearly a century and a half in government service, and ten years during which the Palace served as the Archbishop's administrative headquarters, the complex was given a new vocation in 1970 and thoroughly restored. The *Bayerischer Hof* expanded its facilities and integrated the Palace perfectly with its existing facilities. The Volkhardt family made special efforts to preserve a substantial portion of its original character. This most recent renewal of the building ensured that everything remained the way it had been. After all, in its new life as part of a hotel, nobility and statesmen continue to frequent the Palais Montgelas – even if not always on state business but in order to engage in more pleasant activities.

Richard-Wagner-Saal
The Richard Wagner Hall

richard Wagner

war kein besonders angenehmer Mensch,
er war skrupellos und egoman, aber
auch ein genialer Komponist, neben Verdi
der bedeutendste des 19. Jahrhunderts.

Als er am 23. März 1864 vor seinen Gläubigern von Wien nach München flieht, sogar ein Haftbefehl liegt gegen ihn vor, muss er das in einer unwürdigen Maskierung tun. Den Zug, der ihn nach Deutschland bringt, besteigt der 51-Jährige verkleidet als Frau.

An der Isar angekommen nimmt er Quartier im *Bayerischen Hof*. Er will ausschlafen und ausruhen. Die Wiener Ereignisse – wo der Traum einer Uraufführung von „Tristan und Isolde" nach 77 Proben geplatzt war – haben ihn physisch wie psychisch an seine Grenzen gebracht. Das Wetter ist schlecht und die Stimmung in der Stadt düster: Vor zwei Wochen ist König Maximilian II. gestorben, München trägt schwarz. Am 25. März, es ist Karfreitag, spaziert Wagner unerkannt durch die Straßen. In einem Schaufenster sieht er das Porträt des neuen Monarchen, des erst 18-jährigen Ludwig II., welches ihn, wie er später in „Mein Leben" schreibt, aufgrund von dessen Schönheit und Jugend „mit besonderer Rührung" ergreift.

Den alternden, erschöpften Komponisten überkommen Selbstmordfantasien. Auf dem Weg zurück ins Hotel reimt er sich sogar einen zynischen Grabspruch: „Hier liegt Wagner, der nichts geworden, / nicht einmal Ritter vom lumpigsten Orden; / nicht einen Hund hinterm Ofen entlockt' er, / Universitäten nicht mal 'nen Dokter." Am 26. März reist er aus dem *Bayerischen Hof* ab, flieht zu Freunden an den Zürichsee, dann weiter nach Stuttgart. Und wartet, mutlos und abgebrannt, auf irgendein „gutes, wahrhaft hilfreiches Wunder".

Das Unbegreifliche geschieht. Am 3. Mai erhält er ein Fotoporträt, einen Ring und eine Botschaft des bayerischen Königs, der ihm seine Bewunderung übermittelt. Für Wagner ein Freudentag, denn am Nachmittag bekommt er zudem telegrafisch die Nachricht vom Tod seines verhassten Rivalen Giacomo Meyerbeer. Seine Lebensgeister erwachen, noch am gleichen Tag reist er euphorisiert nach München zurück.

Am Nachmittag des 4. Mai wird er von Ludwig II. empfangen, und schon am 9. Mai erhält er von ihm so viel Geld, dass er seine Wiener Gläubiger auszahlen kann. Ende Juni beginnt Wagners Beziehung mit Cosima, der Frau seines Freundes Hans von Bülow; am 27. September mietet er in der Brienner Straße 21 (heute: 37) ein hochherrschaftliches Quartier, das ihm der König bezahlt, schließlich sogar schenkt. Der Rest ist Geschichte. In Ludwig II. hat er jemanden gefunden, der ihn künftig dauerhaft aller Geldsorgen entheben wird.

Am 17. Mai 1865 – Wagner weilt anlässlich der Vorbereitungen zu „Tristan und Isolde" wieder in München – schießt der Fotograf Joseph Albert im *Bayerischen Hof* ein Gruppenfoto von Wagner im Kreis seiner Freunde: Der Meister sitzt am Tisch, seine Getreuen rahmen ihn ein. Am 10. Juni 1865 hebt sich im Nationaltheater zum ersten Mal der Vorhang für seine philosophische Liebes- und Todesoper. Die Kritik findet das Werk „schamlos", dem König gefällt es, der Triumph wird im *Bayrischen Hof* gefeiert. In seinen insgesamt eineinhalb Münchner

Richard Wagner was not a very pleasant person – he was unscrupulous and egomaniacal. But also a great composer, and beside Verdi, the most important opera composer of the 19th century.

But when he fled from creditors in Vienna to Munich on March 23, 1864, with a warrant out for his arrest, he donned an undignified disguise: The 51-year-old boarded the train to Germany dressed as a woman.

When he reached the city on the Isar, he stayed at the *Bayerischer Hof*. He needed the calm and a chance to sleep. Events in Vienna – where his dream of a "Tristan und Isolde" premiere had collapsed after 77 rehearsals – had pushed him physically and psychologically to the brink. Unfortunately, the weather in Munich was bad and the mood dark: King Maximilian II had died just two weeks earlier. The city was in mourning. On March 25, Good Friday, Wagner walked the streets unrecognized. In a store window he saw a portrait of the new monarch, the barely 18-year-old Ludwig II. As he wrote later in his autobiography, he found himself "unusually moved," touched by the new king's beauty and youth.

The aging composer was filled with fantasies of suicide. On his way back to the hotel, he even devised a cynical epitaph for himself: "Here lies Wagner, who became nothing / not even a Knight of the dumbest Order / who couldn't even charm a dog from behind the stove / or a doctorate out of a university." On March 26, he fled the *Bayerischer Hof* to friends living near Lake Zürich and went on to Stuttgart. There he waited, exhausted, for some "truly helpful miracle."

It happened on May 3 when he received a photograph, ring and message from the young Bavarian King conveying his admiration for Wagner. It was indeed a joyful day for the composer, because he also received news of the death of his hated rival, Giacomo Meyerbeer. His spirits revived, he returned to Munich that same day, euphoric.

On May 4, he was welcomed by Ludwig II. On May 9 he received so much money from the king that he paid off his Viennese creditors. Wagner began an affair with Cosima, wife of his friend Hans von Bülow in June; in September he rented pricely accommodations at 21 Brienner Straße (today: 37), paid for by the King and later given to him. The rest is history. Ludwig II would spare him future worries about money.

Der Mäzen
König Ludwig II. (l.) porträtiert von Gabriel Schachinger; Wagner (3. v. l.) mit Freunden im Bayerischen Hof (u.)

Patron
King Ludwig II. on a portrait of Gabriel Schachinger. Wagner (3rd fr. l.) with friends at the Bayerische Hof (below)

Jahren ist Richard Wagner noch oft zum Tee im *Bayerischen Hof*, gerne nach abendlichen Konzerten in der Residenz, und wohnt auch erneut dort, als er im Mai 1868 zur Uraufführung seiner „Meistersinger von Nürnberg" anreist.

Ihm zu Ehren benennt das Hotel nach dem Umbau 1903 – Wagner ist da exakt 20 Jahre tot – den neu geschaffenen Speisesaal nach seinem berühmten Gast. Die Wände hat man mit eingesetzten Bronzeornamenten verkleidet, unterbrochen sind sie durch hohe, mit Schnitzwerk versehenen Glastüren. Die Wandflächen schmücken Gemälde aus Wagner-Opern, gemalt u. a. von Gabriel Schachinger, dessen Tochter Irene später Hermann Volkhardt (1881–1955) heiraten wird.

On May 17, 1865 Wagner was again in Munich during preparations for "Tristan und Isolde" – photographer Joseph Albert took a group photo of Wagner surrounded by his friends at the *Bayerischer Hof*. On June 10, 1865, the curtain in the National Theater rose for the first performance of his opera of love and death. While critics found the work "shameless," the King liked it, and the triumph was celebrated at the *Bayerischer Hof*. During the 18 months he lived in Munich, Wagner often went for tea at the *Bayerischer Hof*, and stayed there again in May 1868 for the premiere of the "Meistersinger von Nürnberg."

It was in Wagner's honor, after the hotel's 1903 renovation, that the new dining room was named after its famous guest. The room featured scenes from Wagner operas painted by Gabriel Schachinger, whose daughter Irene later married Hermann Volkhardt.

Herrmann Volkhardt, 1851–1909

HERRMANN *Volkhardt*

ein Zuckerbäcker, sollte Münchens erster großer Hotelier werden. Doch so verwunderlich, wie das auf den ersten Blick scheint, ist es nicht. Denn der Torten- und Praliné-Liebhaber Herrmann Volkhardt hatte wohl einfach auf zweierlei Gebieten einen begnadeten Instinkt dafür, nach welchen Genüssen das wohlhabende Bürgertum und die Aristokratie des ausgehenden 19. Jahrhunderts verlangten.

Geboren 1851 als Sohn eines Druckers in Amorbach im bayerischen Odenwald will der 16-Jährige weder im ländlichen Unterfranken bleiben noch das Handwerk des Vaters Gottlieb erlernen. Sein Ziel ist die Freie Stadt Hamburg, mit dem Hafen als Tor zur Welt. Dort absolviert er eine Konditorlehre, geht noch für ein Jahr in die USA und danach ins Mekka der Süßspeisenhersteller und -genießer: nach Wien. Vanillekipferl und Nussbusserl, Buchteln und Kardinalschnitten sind sein Metier.

1875 lässt er sich mit seiner Familie – Ehefrau Anna-Nanette, eine Cousine aus Fürth, hatte ein kleines Startvermögen mit in die Ehe gebracht – in München nieder und pachtet das Café Prinzeß in der Schwanthalerstraße. Keine erstklassige Lage, aber eine aufstrebende. Die um 1840 begonnene Industrialisierung sorgt dafür, dass Westend und Schwanthalerhöhe rasch wachsen. Zwischen all den frisch in die Höhe gezogenen Wohn- und Mietshäusern befindet sich das Café an einem guten Ort. Und macht seinen Pächter schnell zu einem wohlhabenden Mann, denn der kann einige Jahre später bereits das Café Imperial im Hotel Fürstenhof an der Schützen-/Ecke Bayerstraße übernehmen – und in einem zweiten Schritt das ganze Hotel. Um seinen Gästen etwas Besonderes zu bieten, stattet er sein Haus, als eines der ersten der Stadt, mit elektrischem Licht aus.

Privat ist der umtriebige Unternehmer ein begeisterter Anhänger der Naturheilkunde Sebastian Kneipps. Seine Überzeugung: Viel Bewegung an frischer Luft hält gesund und schnupfenfrei – und barfuß durch nasses Gras zu laufen erst recht. Was bedeutet, dass der Hotelier oft zu sehen ist, wie er frühmorgens, an der Spitze seiner Mitarbeiter und seiner Familie, im Dauerlauf durch den Englischen Garten trabt. 1897 kauft Volkhardt den *Bayerischen Hof* am Promenadeplatz, der 1841 eröffnet worden war. Das Haus hat zu der Zeit hundert Zimmer und zwei Säle, der Kaufpreis beträgt stolze 2,85 Millionen Goldmark. Dafür muss der Vater von neun Kindern, fünf aus erster und vier aus zweiter Ehe – seine erste Ehefrau war im Alter von nur 38 Jahren gestorben, einen Großteil seines bisherigen Besitzes veräußern und hohe

Herrmann Volkhardt, a patissier, became Munich's first great hotelier. That might seem strange, but Volkhardt had an amazing instinct for the delights that the wealthy were seeking in the late 19th century.

Born in 1851 in Amorbach, he decided to leave Bavaria at age 16. His goal: the Free City of Hamburg, gateway to the world. He trained as a pastry chef, spent a year in the USA and then went to Vienna, later specializing in all kinds of famous Viennese treats.

In 1875 he settled with his family in Munich and leased the Café Prinzess in an up-and-coming area. Industrialization made that part of the city grow quickly, and the café was well located among the villas and apartments that sprung up there. It quickly made its owner wealthy enough that a few years later he took over the Café Imperial in the Hotel Fürstenhof – and then later the whole hotel. His hotel was one of the first in Munich to have electric lights.

In 1897, Volkhardt bought the *Bayerischer Hof* on Promenadeplatz, which had opened in 1841. At the time the hotel had one hundred guest rooms and two banquet halls. The purchase price was an impressive 2.85 million goldmarks. To raise the funds, the father of nine children had to sell most of what he owned and borrow the rest. But he took the risk. His vision was perfectly suited to his time: the Belle Époque, the golden age of the Grand Hotel. They were found in major cities as well as seaside resorts and mountain spas, luxurious hotel palaces that elegantly offered both dreams and reality. Volkhardt's numerous aristocratic guests – including Empress Elisabeth of Austria – found a suitable place to stay when visiting Munich at the splendid *Bayerischer Hof*.

Kredite aufnehmen. Doch er geht das Risiko ein. Denn seine Vision passt perfekt ins ausklingende 19. Jahrhundert, die Belle Époque – es ist die goldene Ära der Grandhotels. Nicht nur in Metropolen, auch in Seebädern und Luftkurorten errichtet man in jener Zeit luxuriöse Hotelpaläste, die elegant zwischen Traum und Wirklichkeit changieren. Volkhardts zahlreiche adlige und royale Gäste – darunter auch Kaiserin Elisabeth von Österreich – finden an der Isar mit dem prachtvollen *Bayerischen Hof* eine standesgemäße Unterkunft vor.

Im Laufe des Jahres 1901 erwirbt er das benachbarte Grundstück Promenadeplatz 20 sowie die Grundstücke Prannerstraße 4 bis 7. Am Ende besitzt er ein Areal von 5 000 Quadratmetern. Im Dezember reicht er die Pläne für einen Umbau ein, sein Hotel soll noch größer und prächtiger werden – ein glanzvoller Ort für all die Politiker, Minister, Bankiers, Großindustriellen und Adligen des Fin de Siècle, die er zu seinen Gästen zählt.

Einer davon ist die Königin von Preußen und Deutsche Kaiserin Victoria Adelaide Mary Louisa, Prinzessin von Großbritannien und Irland (1840–1901). Im Mai 1900 steigt die Witwe Friedrichs III. mit ihrem Gefolge im *Bayerischen Hof* ab, um die Ateliers der Münchner Künstler Franz von Lenbach, Gabriel von Max und Hans von Bartels zu besuchen, fährt aber auch zum Bildhauer Rudolf Maison in die Tizianstraße nach Gern. Dort besichtigt sie einen Entwurf eines Reiterstandbilds ihres 1888 verstorbenen Gemahls. „Kaiserin Friedrich", wie sie in der Öffentlichkeit genannt wird, ist übrigens mit ihrem München-Besuch zufrieden – das Denkmal wird schließlich 1904 in Berlin enthüllt.

Unterdessen will der Münchner Magistrat den hochfliegenden Visionen des ehrgeizigen Hoteliers nicht zustimmen und lehnt den Umbau ab – die Bebauung der Prannerstraße würde die Arbeit des Landtags gegenüber behindern. Doch dann greift Prinzregent Luitpold ein und erteilt höchstpersönlich die Genehmigung. Im April 1902 beginnt der Architekt mit dem ersten Umbau, den er 1904 beendet, an den sich jedoch noch für weitere fünf Jahre zusätzliche Ausbauten anschließen. 1909 ist die Vision endlich Realität geworden. Nun verfügt der *Bayerische Hof* neben neuen Sälen über 400 Zimmer. Aber nicht nur das Hotel wird größer, auch die Besitztümer der Familie wachsen: 1903 gründet Herrmann Volkhardt die Weingroßhandlung Volkhardt, und 1909 tauscht er das Hotel Axelmannstein in Bad Reichenhall, das sich ebenfalls in seinem Besitz befindet, gegen das Münchner Regina Palast Hotel am Maximiliansplatz ein. Am 24. Dezember 1909 stirbt der Familienpatriarch und Selfmade-Unternehmer völlig überraschend infolge eines Schlaganfalls. Doch seine Nachfolge hat er da bereits geregelt: Ein Jahr vor seinem Tod hat er sein Imperium in die Firma „Gebrüder Volkhardt" umgewandelt, an der seine drei Söhne zu je einem Drittel beteiligt sind. So übernimmt Ernst nun das Regina Palace, Wilhelm den Weingroßhandel – und Hermann, der seinen Vornamen im Unterschied zum Vater mit nur einem „r" schreibt, den *Bayerischen Hof*

„DAS HOTEL, EIN GLANZVOLLER *ORT FÜR MINISTER* UND ADLIGE *DES FIN DE SIÈCLE*"

In 1901, he acquired some neighboring properties, ultimately owning around 5,000 square meters. In December, he submitted his plans for upgrading the hotel to the authorities. It would be even bigger and more magnificent, a glorious place for politicians, ministers, bankers, industrial tycoons and aristocrats of the Fin de Siècle.

One of them was the Queen of Prussia and Empress of Germany Victoria Adelaide Mary Louisa, Princess of Great Britain and Ireland. In May 1900, Friedrich III's widow stayed at the *Bayerischer Hof* to visit the ateliers of several Munich artists. She also saw sculptor Rudolf Maison to inspect a model for an equestrian statue of her husband, who had died in 1888. "Empress Friedrich," as she was known to the public, was obviously pleased: The monument was unveiled in Berlin in 1904.

Meanwhile, Munich authorities didn't agree to the high-flying visions of the ambitious hotelier and refused his request. But Prinzregent Luitpold personally gave permission for the project to go ahead. The architect began with renovations in April 1902, finished in 1904, but further additions took another five years. In 1909, Herrmann's vision of new halls and 400 rooms was finally reality.

Not only was the hotel growing: The family's holdings grew as well. In 1903 Herrmann Volkhardt established a wine wholesaling business, and in 1909, he exchanged the Hotel Axelmannstein in Bad Reichenhall, which he owned, for the "Regina Palast Hotel" on Maximiliansplatz in Munich. On December 24, 1909, the family patriarch died unexpectedly of a stroke. But he had already secured his succession: He had created the "Gebrüder Volkhardt" company, with each of his sons owning a third. Ernst took over the Regina Palast, Wilhelm the wine business – and Hermann the *Bayerischer Hof*.

Der Patriarch
Herrmann Volkhardt erwarb und erweiterte das Hotel, auch ein Weinhandel (ganz o.) fand Platz im heutigen *Trader Vic's*; Volkhardt mit Familie (o.). Die Weinhandlung (r.) befindet sich heute in Pasing.

The Patriarch
Herrmann Volkhardt purchased and expanded the hotel. Even a wine shop (far above) found a spot in the Trader Vic's; Volkhardt and his family (above). The wine shop (right) later moved to Pasing where it can still be found.

SIGMUND FREUD

und C.G. Jung: Im September 1913 treffen im *Bayerischen Hof* zwei intellektuelle Giganten des 20. Jahrhunderts zum finalen Showdown aufeinander.

Die Kuppel
im Atrium
*Cupola above
the atrium*

Der Alte und der Junge, der Österreicher und der Schweizer, der Jude und der Nichtjude, der Sexualfixierte und der Mystiker, der Begründer der Psychoanalyse und der Begründer eines modernen Konzepts der Schizophrenie.

Ihre Freundschaft beginnt 1907. 13 Stunden sprechen die zwei bei ihrer ersten Begegnung miteinander. Die große gegenseitige Sympathie überdeckt zunächst das Problem, dass sie inhaltlich praktisch von Anfang anderer Meinung sind. Freud ahnt das zwar, will es aber wohl nicht wahrhaben. Schon früh schreibt er an C. G. Jung: „[E]ntfernen Sie sich nicht zu weit von mir, wenn Sie in Wirklichkeit mir so nahe stehen, sonst erleben wir noch, daß man uns gegeneinander ausspielt." Gegeneinander ausgespielt werden sie allerdings letztlich nicht von dritten – sie scheiterten an ihren eigenen Differenzen und Projektionen. 1910 gründet Sigmund Freud gemeinsam mit einigen Kollegen die Internationale Psychoanalytische Vereinigung (IPV). Zu ihrem Präsidenten bestimmen sie den damals erst 35-jährigen C. G. Jung, einen „Christ und Pastorensohn". Wohl auch, weil insbesondere Freud seinen Gegnern keine Chance geben will, die ohnehin schon stark angefeindete Psychoanalyse auch noch als eine „jüdische nationale Angelegenheit" zu disqualifizieren, wie er schrieb.

Das Jahr 1913 ist für den Professor aus Wien eine mehr als schwierige Zeit. Er schreibt an „Totem und Tabu", vier Aufsätzen, in denen er Fragen der Völkerpsychologie mit den Mitteln der Psychoanalyse zu beantworten versucht. Vordergründig geht es um den Mythos vom urzeitlichen Vatermord, doch im Hintergrund kämpft er selbst mit seiner eigenen Rolle als Familienoberhaupt der psychoanalytischen Bewegung. Im August erleidet er einen Ohnmachtsanfall – ein deutliches Symptom seiner Krise.

Am 7. und 8. September 1913 findet im *Bayerischen Hof* der nunmehr IV. Kongress der IPV statt. Freud wie Jung sind selbstverständlich angereist; die Teilnehmerliste verzeichnet 87 Personen. Als dritter von 18 Rednern spricht am ersten Tag Sigmund Freud. Sein Vortragsthema: „Ein Beitrag zum Problem der Neurosenwahl". Als 11. Redner am zweiten Tag folgt C. G. Jung mit dem Referat „Zur Frage der psychologischen Typen". Danach macht sich unter den Kongressteilnehmern umgehend ein hübsches Bonmot breit: „Die Jungs glauben nicht länger an Freud".

Begonnen hatten die Spannungen der beiden bereits im Frühjahr, doch bis zum Aufeinandertreffen im *Bayerischen Hof* hatten sie lediglich in Briefen miteinander gerungen. In Jungs Vortrag werden die Differenzen nun erstmals öffentlich sichtbar: Für ihn lässt sich nicht alles auf frühkindliche Sexualerlebnisse zurückführen. Jung erklärt Freuds Libido-Begriff für zu eng gefasst, weil dieser „von der vorrangigen Bedeutung des Geschlechtstriebes" ausgehe. Er hingegen ist der Überzeugung, dass die Definition erweitert werden müsse, „sodass auch universelle Verhaltensmuster, die vielen unterschiedlichen Kulturen in unterschiedlichen geschichtlichen Perioden gemein waren, von ihm erfasst würden". Manches sei schlicht eine Art kollektives Erbe an Urbildern und Mythen,

Sigmund Freud and C.G. Jung, two intellectual giants of the 20th century met at the Bayerischer Hof *for their final showdown in September 1913.* One older, the other younger, one Austrian and one Swiss, one Jewish and the other not, one sexually fixated and the other a mystic, one the founder of psychoanalysis and the other the founder of schizophrenia.

Their friendship began in 1907. At their first meeting, the two talked for 13 hours. This instant and deep mutual understanding initially concealed the problem that their views were entirely different. Freud suspected this was the case, but wouldn't admit it initially. Very early on he wrote to Jung: "Don't drift so far if you really are so close; otherwise people will set us against another." But in the end, they broke with each other because of their differing views.

In 1910, Freud and several colleagues founded the International Psychoanalytical Association (IPA), choosing 35-year old C. G. Jung, a Christian, as their president. Freud wanted to avoid giving his opponents the opportunity to dismiss psychoanalysis as a "Jewish national concern."

1913 was a difficult time for the Viennese professor. He was working on "Totem and Taboo", four essays that answer questions to the psychology of a nation

das sich in der Seele aller Menschen befände. Auch Jungs Beharren auf einer Art „religiösem Instinkt" in allen Menschen ist ein Dolchstoß gegen Freud, der jede Religion grundsätzlich als Okkultismus verdammt. Am Ende seines Vortrags kündigt der Aufrührer dann noch an, dass er eine eigene, neue Theorie entwickeln werde.

Freud betrachtet das Ganze – wohl zu recht – als Vatermord. Wenige Wochen später tritt Jung von der IPV-Präsidentschaft zurück und die Zürcher Ortsgruppe aus der IPV aus. Über seinen einstigen Weggefährten urteilt er nun: „Sosehr ich die Kühnheit seines Versuchs bewundere, sowenig stimme ich mit seiner Methode und ihren Resultaten überein." Doch das ist im Gegensatz zu dem, was Freud verbreitet, noch von ausgesuchter Höflichkeit. Denn der frohlockt: „Ich kann ein Hurra nicht unterdrücken! So sind wir sie denn endlich los, den brutalen heiligen Jung und seine Nachbeter!" Und schreibt zudem: „Seine schlechten Theorien entschädigen mich eben nicht für seinen unangenehmen Charakter."

Der alte König hat seinem „Kronprinzen" diesen Akt der Hinrichtung coram publico nie verziehen. Und Jung? Der begann nach dem Zerwürfnis seine 16 Jahre dauernde Arbeit an seinem berühmten „Roten Buch". Es sollte einer der zentralen Texte des 20. Jahrhunderts und die Basis für seine späteren Theorien des Unbewussten werden.

using the resources of psychoanalysis. Superficially, this was about the Oedipus myth, but underneath he was struggling with his own role as pater familias of the psychoanalytical movement.

On September 7 and 8, 1913, the 4th Congress of the IPA took place at the *Bayerischer Hof*. Naturally both Freud and Jung attended. Sigmund Freud was the third of 18 speakers on the first day, making "A contribution to the problem of the choice of neuroses." C. G. Jung spoke on the second day "On the issue of psychological types." Word spread quickly: "The Jungsters no longer believe in Freud."

Tensions between the two had become evident, but they had disagreed only in writing until the *Bayerischer Hof*. Jung's lecture made it public. He claimed that not everything could be traced to infantile sexual experiences. Jung declared that Freud's libido concept was too narrowly defined because it was "based on the primary importance of the sex drive." The old king never forgave his "crown prince" for this public act of betrayal.

Art déco
Der Richard-Wagner-Saal 1935; Sigmund Freud (l.).

Art deco
The Richard Wagner hall 1935; left page: Sigmund Freud

Atrium mit Blick auf *falk's Bar*

Atrium with a view to *falk's Bar*

franz kafka

las im kleinen Kreis zwar immer mal wieder aus seinen Erzählungen, öffentlich aber nur zweimal. Einmal in Prag und einmal in München, am 10. November 1916. Die Lesung geriet zu einem „grandiosen Misserfolg", wie er später meinte.

Eingeladen hatte Kafka der Kunsthändler Hans Goltz, der in seiner „Galerie Neue Kunst" in der Briennerstraße Abende für neue Literatur veranstaltete. Dass Kafka im *Bayerischen Hof* abstieg, war also naheliegend. Während des Kriegs mit dem Zug von Prag nach München zu gelangen, war nicht ganz einfach. Kafka benötigte eine Erlaubnis der Behörden, mehrmals wurde der Termin der Lesung verschoben, das erleichterte die Planung nicht gerade eben. Dass er sich dennoch nicht entmutigen ließ, lag an der Aussicht, seine Verlobte Felice Bauer zu treffen. Sie lebte in Berlin und hatte angekündigt, ebenfalls nach München zu kommen. Dem Treffen ging ein wochenlanger, von Zweifeln, Zaudern und leiser Vorfreude geprägter Briefwechsel voraus.

„Wolltest du die riesige Reise machen?", schreibt Kafka Mitte September. „Nicht um bei der Vorlesung zu sein, das wollte ich gar nicht, aber um ein paar Stunden, es kann sich etwa um fünf Stunden handeln, mit mir beisammen zu sein, es ist aber nicht sicher." Und eine Woche später: „Dass Du hinkommen willst, ist ein starker Antrieb. Es wird aber erst im November sein. Der Umweg über Berlin ist aus einigen Gründen unmöglich, ist übrigens von mir gar nicht erwünscht. Ich sehe Dich in München lieber als in Berlin, wenn ich auch deine Reisemühe beklage." So geht es hin und her, am 10. Oktober schließlich schreibt Kafka: „Was München betrifft, um rechtzeitig vorbereitet zu sein: Wann kämest du dort an? In welchem Hotel wohnst Du? Wann müsstest Du zurückfahren? Ich würde, wenn es geht, die Geschichte lesen, die Du noch nicht kennst. In der Strafkolonie, so heißt sie." Und ehe er die Reise nach München antritt: „Vorläufig freue ich mich in der Hoffnung, Dich so bald zu sehn. Unsere Züge vereinigen sich – etwa bei Wiesau, also etwa zwischen 1 und 2 Uhr mittags. Ein großer Zeitgewinn, wenn ich Dich schon im Zug treffe. Natürlich wohne auch ich (aus Aberglauben mache ich hier wieder den obigen Vorbehalt) im *Bayerischen Hof*."

Gegen halb sieben traf der Zug in München ein, um 20 Uhr bereits begann die Lesung. Im *Bayerischen Hof* bezogen Kafka und Bauer getrennte Zimmer und machten sich auf den Weg in den ersten Stock der neben dem Cafe Luitpold gelegenen Galerie von Hans Goltz, nur ein paar Minuten zu Fuß vom Promenadeplatz entfernt gelegen. Der Saal war „schlecht erhellt und ungeheizt" notierte ein Augenzeuge, kaum 50 Zuhörer hatten sich versammelt, einige Münchner Schriftsteller, darunter

Kafka only gave two public readings, one in Prague and the other one in Munich on November 10, 1916. That reading was a "grandiose failure," he said later. Art dealer Hans Goltz invited Kafka to a new literature evening in his Galerie Neue Kunst. Obviously, Kafka would stay at the nearby *Bayerischer Hof*. Taking the train from Prague to Munich during the war was no simple matter. Kafka had to have official permission to travel, and the date was postponed several times. The chance to see his fiancé, Felice Bauer, kept him from growing discouraged. She lived in Berlin, but told him she would come to Munich. A flurry of letters preceded their trip.

"Do you even want to make this journey," wrote Kafka in mid-September. "Not for the reading, but to be with me for a few hours." And a week later, "Knowing that you want to come is heartening, but it won't be until November. Detouring through Berlin will be impossible, and I don't want to anyway. I would rather see you in Munich than Berlin, although I am sorry that you have to travel." So it went back and forth, until on October 10, Kafka finally wrote, "In regards to Munich, when would you arrive? What hotel will you stay at? If it works out, I'll read a story you don't know yet, called 'In the Penal Colony'." And before departing he wrote, "I'm happy that I'll see you very soon. (...). Naturally, I too will be staying at the *Bayerischer Hof*."

The train reached Munich at about 6:30 in the evening, and the reading began at 8. The room was "poorly lit and unheated" noted one eyewitness, and a few people had gathered there, some of them Munich writers, probably including Rilke. Kafka had been awarded the Theodor Fontane Prize the previous year but was relatively unknown as an author. He became famous posthumously

vermutlich auch Rainer Maria Rilke, ganz sicher weiß man es nicht. Kafka hatte ein Jahr zuvor zwar den Theodor-Fontane-Preis erhalten, als Autor bekannt war er dennoch nur wenigen. Zu Ruhm gelangte er erst posthum in den 50er-Jahren, als seine Romanfragmente *Das Urteil* und *Der Prozess* erstmals erschienen.

Angekündigt wurde seine Erzählung unter dem Titel „Tropische Münchhausiade", vermutlich um dem Einschreiten der Zensurbehörde vorzubeugen. Kafka empfand das als Demütigung, las aber dennoch. Zunächst Gedichte seines Freundes Max Brod, schließlich seine Erzählung, sie schildert die Folterung eines Verurteilten mittels einer genau beschriebenen Maschine, die dem Opfer das Urteil mit Nadeln auf die Stirn schreibt. Die Mehrzahl der Zuhörer reagierte betreten, manche empfanden sie als „Körperverletzung". Auch von Felice Bauer erfuhr er, soweit bekannt, nur wenig Zuspruch. Beim Besuch einer „grässlichen Konditorei" am „nächsten Tag" fand er in den Zeitungen erste Besprechungen, allesamt Verrisse. Am Nachmittag noch ein Spaziergang, am frühen Sonntagmorgen reiste er ab. Nach diesem Fiasko wurde Kafkas Verlangen nach Ruhe und Abgeschiedenheit noch größer, er fand sie in einer neuen Wohnung in der Prager Alchimistengasse. Er las nie wieder öffentlich, die Verlobung mit Felice Bauer löste er neun Monate später. Unerwähnt in der verheerenden Bilanz seiner München-Reise blieb nur eines: der Aufenthalt im *Bayerischen Hof*.

when *The Judgment* and *The Trial* were published for the first time. A story called "Tropische Münchhausiade," (Tropical Stories à la Münchhausen) had been announced for the reading, probably to fool the censors.

Kafka found the tactic humiliating but read nevertheless. He began with poems by Max Brod, then his story "In the Penal Colony," which describes the torture of a prisoner using a machine that carves the verdict on the victim's forehead with needles. Most listeners reacted with embarrassment, many felt "physically attacked by it." Even Bauer offered very little encouragement. He read the first reviews in the newspapers the next day, all of them damning.

Early Sunday morning he left Munich. After this fiasco, Kafka never read publicly again and broke off his engagement to Felice Bauer nine months later. Only one thing went unmentioned in his devastating review of his trip to Munich: his stay at the *Bayerischer Hof*.

Der *Bayerische Hof* 1935
The *Bayerischer Hof* 1935

Der Montgelassaal mit Blick ins Ministerzimmer

The Montgelas Hall with a view into the Minister Suite

kurt eisner

hat München und Bayern ein nachhaltiges Andenken hinterlassen. Schließlich wird das Land bis heute als Freistaat geführt, und dieser stolze Titel ist dem Sozialdemokraten Eisner zu verdanken.

Revolutionär
Kurt Eisner, Bayerns erster Ministerpräsident wurde vor dem Palais Montgelas ermordet.

Revolutionary
Kurt Eisner, first Prime Minister of Bavaria, was murdered in front of the Palais.

Seine Zeit kam, als München im Herbst 1918 in Revolutionswirren lag – wie viele andere Städte auch. Die Gesellschaft wankte nach Kriegsende zwischen den Ausläufern der alten Monarchie und der Suche nach einem politischen Neuanfang. Als Höhepunkt dieser Umbrüche hallten am 8. November 1918 die Worte: „Die Dynastie Wittelsbach ist abgesetzt! Bayern ist fortan ein Freistaat!" durch die Gaststätte Mathäserbräu, wo die Arbeiter- und Soldatenräte ihre erste Sitzung abhielten. Es war Kurt Eisner, der die Sätze sprach, ein charismatischer Politiker, Pazifist und Schriftsteller.

Sein couragiertes Auftreten machte ihn zum ersten Ministerpräsidenten von Bayern und als solcher bezog er auch eine Amtswohnung im Staatsministerium des Äußeren, das seit geraumer Zeit im Palais Montgelas eingerichtet war – heute ein Teil des *Bayerischen Hofs*. Lange währte die Aufbruchstimmung des Revolutionsführers Eisner allerdings nicht, schon ein paar Monate später, am 21. Februar 1919 verließ er seine Wohnung, in der Tasche ein Manuskript, mit dem er vor dem Bayerischen Landtag seinen Rücktritt erklären wollte. Die Anfeindungen aus dem konservativen, aber auch aus dem eigenen Lager und eine deutliche Niederlage bei der ersten Landtagswahl für seine Partei USPD, hatten ihn zu diesem Schritt veranlasst. Trotz Morddrohungen wählte Eisner an jenem Morgen den offenen Weg über die Promenadenstraße, heute: Kardinal-Faulhaber-Straße, wo ihn der nationalistisch gesinnte Kriegsheimkehrer Anton Graf von Arco auf Valley mit zwei Schüssen ermordete. Sein Tod zog weitere Unruhen nach sich, beim Begräbnis folgten Zehntausende von Münchnern seinem Sarg. Heute erinnert nicht nur eine Bodenplatte am Fuße des Palais Montgelas an das Attentat, auch die Sozialdemokraten halten Eisner bis heute in ehrendem Gedenken – als ihren ersten bayerischen Spitzenpolitiker.

Kurt Eisner left a lasting impression on Munich and Bavaria. Bavaria is still called a "Freistaat," and this proud title, which can be translated as Free State or sanctuary, was the work of Eisner, the Social Democrat. His big moment came when, in the fall of 1918, Munich like many other German cities fell into revolution. As World War I came to an end, there were struggles between what was left of the old monarchies and the desire for a political new start. The culmination of these upheavals came on November 8, 1918, when the words "the Wittelsbachs are deposed! From now on, Bavaria is a Free State," rang out through the Mathäserbräu beer hall, where the worker councils were meeting. That message was launched by Eisner. Based on his courageous stand, he was chosen the first Prime Minister of Bavaria, and moved into an official apartment in the Foreign Ministry long located in the Palais Montgelas – which is today part of the Bayerischer Hof. The euphoric willingness to change expressed by the revolutionary leader Eisner didn't last very long.

Only a few months later, on February 21, 1919, he left his apartment with the text of his resignation to be given in the Bavarian Parliament in his pocket. The hostility of the conservatives but also his own supporters, a clear defeat for his USPD party in the first parliamentary elections motivated his decision. Despite death threats, that morning Eisner chose the public path across Promenadenstraße, today's Kardinal-Faulhaber-Straße, where the fanatically nationalist returning soldier Anton Count von Arco auf Valley shot and killed him. Eisner's death set off further rioting, and tens of thousands of Munich residents followed his casket to the cemetery. Today there is a slab set in the ground beside the Palais Montgelas noting the site of the assassination, but German Social Democrats today continue to honor his memory, as Bavaria's first socialist government leader.

HERMANN VOLKHARDT

konnte nicht ahnen, durch welche Turbulenzen er das väterliche Erbe würde führen müssen: Feuer, eine Revolution, die NS-Diktatur und Fliegerbomben über München forderten alles von ihm ab. Doch so widrig und beschwerlich die Umstände auch waren, unter denen er das Haus führte, besser hätte niemand diese Prüfungen und politischen Krisen meistern können.

1881 geboren, absolvierte er zunächst die Handelsschule und daran anschließend eine Kochlehre im väterlichen Haus. Danach ging er in die Schweiz, um Französisch zu lernen, und arbeitete alsdann in Grandhotels in Paris und London. An der Seine verkehrte er im Kreis eines späteren Innenministers, was ihm innerhalb der Familie den Spitznamen „der Diplomat" einbrachte.

Doch in seinen Anfangsjahren als Chef sind erst einmal andere Fähigkeiten gefragt: Krisenmanagement, Tatkraft, Initiative. Denn am 10. April 1911 gegen halb fünf Uhr nachmittags brennt es im Hotel. Das Feuer entsteht im 6. Stock, genau über dem Eingang, in einem Lagerraum für Möbel und Matratzen. Verletzt wird niemand, die 250 Angestellten kommen mit dem Schrecken davon. Nach eineinhalb Stunden ist alles gelöscht, doch die Ursache kann nie geklärt werden. Die Schäden werden schnell behoben, ohnehin stehen erneut umfassende Modernisierungsmaßnahmen an.

Am 28. Juni 1914 werden in Sarajewo der österreichische Thronfolger Franz Ferdinand und seine Ehefrau Sophie ermordet, die Julikrise führt Europa in den Ersten Weltkrieg. Im *Bayerischen Hof* bleiben infolgedessen die Gäste aus, ein Generalstab zieht ein. Im November 1918 wollen die Revolutionäre der Münchner Räterepublik das Hotel okkupieren und zum Regierungssitz machen. In der Eingangshalle tritt ihnen Hermann Volkhardt entgegen: „In diesem Haus vermiete ich die Räume!" Man bedroht ihn mit einem Revolver. „Ich bin machtlos, wenn Sie das Hotel mir Gewalt beschlagnahmen", sagt er würdevoll, „aber dann beginnen Sie Ihre Regierung mit einem Unrecht." Das Ergebnis: Die Revolutionäre ziehen wieder ab.

Privat beginnt für den Hotelier 1923 eine glückliche Zeit: In zweiter Ehe heiratet er die Opern- und Konzertsängerin Irene Schachinger, Tochter des Münchner Akademieprofessors und Kunstmalers Gabriel Schachinger. Dessen bekanntestes Gemälde zeigt König Ludwig im Gewand des Großmeisters des Ordens des Heiligen Georg und ist heute im Museum von Schloss Herrenchiemsee zu besichtigen.

Als die Inflation kommt, hängt in der Hotelhalle eine Tafel, in der allmorgendlich der Kurs der Reichsmark im Verhältnis zum Dollar angeben

Hermann Volkhardt faced turbulent times while managing his father's legacy: A fire, revolution, the war and the bombing of Munich demanded everything he had. But as difficult as the circumstances were, no one could have mastered them better. Born in 1881, he attended commercial school and then trained as a chef. He was later sent to Switzerland to learn French, then to work in grand hotels in Paris and London.

Even his early years running the hotel required skills in crisis management, energy and initiative. On April 10, 1911, a fire broke out in the hotel. No one was hurt, the damage was quickly repaired and some extensive modernization, already planned, was accelerated. Then on June 28, 1914 the Austrian Crown Prince Franz Ferdinand and his wife Sophie were assassinated in Sarajevo and Europe fell into the First World War. Guests stayed away and the general staff moved in. Then, in November 1918, the revolutionaries of the Munich Soviet Republic wanted to make the hotel the domicile of the government. Hermann met them at the entrance; they threatened him with a revolver. "I'm unarmed. If you want to seize the hotel by force," he said with dignity, "then you're beginning your government with an injustice." The result: The revolutionaries left.

A happier time began for him in 1923 when he married his second wife, singer Irene Schachinger, daughter of painter Gabriel Schachinger.

When inflation hit, a board showing the latest exchange rate was set up in the lobby every morning. The collapse of the German currency was staggering. On November 1, 1923 a glass of beer in the hotel cost five billion Reichsmarks – on November 15, it was 10 times more. Life didn't get easier for the hotelier – the Depression was coming, then the National Socialists

Hermann Volkhardt,
1881–1955

wird. Der Verfall ist atemberaubend: Am 1. November 1923 kostet das Glas Bier im Hotelrestaurant noch fünf Milliarden, am 15. November bereits das Zehnfache. Leichter wird das Leben für den Hotelier nicht – die Wirtschaftskrise kündigt sich an, und 1933 kommen die Nationalsozialisten an die Macht. Wieder erhält er Besuch: Nun sind es die Nazis, die sein Hotel als Gästehaus für die prominenten Besucher der Partei kaufen wollen. Wieder weigert er sich, und auch sie ziehen ab.

Der Promenadeplatz wird zu Ehren von Hitlers Reichsstatthalter in Bayern in Ritter-von-Epp-Platz umbenannt, das Hotel von der Bezirksgruppe Beherbergungsgewerbe erfasst. Preise und Löhne werden nicht länger vom Inhaber festgelegt, den Restaurantgästen werden bei Bestellungen Fleisch- und Nährmittelmarken abgefordert. In der Nacht vom 24. auf den 25. April 1944 trifft eine Fliegerbombe das benachbarte Landtagsgebäude in der Prannerstraße 20 und legt den *Bayerischen Hof* gleich mit in Schutt und Asche. Tonhalle, Odeonssaal und das Regina Palace trifft es auch. 70.000 Münchner werden obdachlos, 135 kommen in den Flammen um.

Nach dem Krieg krempelt der Patriarch die Ärmel hoch, gemeinsam mit seinem aus dem Krieg heimgekehrten Sohn Falk räumt er den Schutt weg und baut sein Haus wieder auf. Bereits am 22. Oktober 1945 kann er, als erstes Restaurant in München, den wie durch ein Wunder fast unversehrt gebliebenen Spiegelsaal wiedereröffnen. Als in den Trümmern ein Speisesaal eingerichtet wird, kehren auch die ersten Logiergäste zurück. Der Hotelbetrieb startet mit zunächst sieben Zimmern – zum Oktoberfest 1949 sind es bereits 74. Und 1951 stehen im *Bayerischen Hof* wieder 250 Betten zur Verfügung, in den neuen Gesellschaftsräumen werden die ersten Nachkriegskongresse abgehalten.

1952 ist in der Zeitschrift „Deutsche Gaststätte" zu lesen: „Man braucht nur einen Blick in die geräumige, repräsentative Halle des Hotels *Bayerischer Hof*, seine Vitrinen- und Ladenstraße und die Restaurant- und Speisesäle zu werfen, um festzustellen, dass hier wieder die weltweite internationale Luft weht, in der sich die prominenten Gäste aus aller Welt wohlfühlen." Hermann Volkhardt, der sein Hotel mit sicherer Hand durch zwei Weltkriege geführt hat, stirbt nach dem Wiederaufbau des Hauses im Jahr 1955 – und die dritte Generation tritt das Familienerbe an: sein Sohn Falk.

Theo Lingen

„ ES IST BESSER, UNSER HOTEL IST KAPUTT, *ALS DASS DU NICHT* AUS DEM KRIEG ZURÜCKGEKOMMEN WÄRST."

SAGTE HERMANN VOLKHARDT ZU SEINEM SOHN FALK NACH DESSEN RÜCKKEHR. FALK ANTWORTETE, OHNE ZU WISSEN, DASS SEIN VATER NACH DER ZERSTÖRUNG DES HAUSES EXAKT DIE GLEICHEN WORTE GEBRAUCHT HATTE:

„WIR WERDEN DEN *BAYERISCHEN HOF* WIEDER SCHÖNER AUFBAUEN."

took power in 1933. Again he received an unwelcome visit. The Nazis wanted to buy the hotel to use for prominent visitors. Again he refused, and they left as well. Promenadeplatz was renamed in honor of Hitler's Governor in Bavaria, and the hotel came under government authority. Prices were set by them, and restaurant guests had to provide ration cards. Then, during the night of April 24-25, 1944, a bomb hit the nearby Parliament Building, destroying most of the *Bayerischer Hof* as well. That same night, other city landmarks were also ruined. Some 70,000 people were left homeless and 135 died.

Once the war finally ended, the patriarch rolled up his sleeves and he and his son, who had returned from military service, removed the rubble and rebuilt the hotel. By October 22, 1945, he reopened the first restaurant in Munich, and then the hotel guests returned. By the 1949 Oktoberfest, there were 74 rooms. In 1951, there were 250 beds available at the *Bayerischer Hof*, and meeting rooms for post-war congresses.

In 1952 a trade publication wrote: "You only need to peer into the spacious, prestigious lobby of the *Bayerischer Hof* hotel (…) to realize that the international atmosphere sought by prominent guests is back in Munich." Hermann Volkhardt, who had safely guided his hotel during two world wars, died after the building was reconstructed in 1955 – and his son Falk continued his legacy.

Aufbau
Nach dem Bombenangriff 1944 war das Haus komplett zerstört; Umbau 1963 (u.); Gästebucheintrag von Theo Lingen (l.)

Rebuilding
After the bombing in 1944 the building was completely destroyed; Rebuilding 1963 (below). Guestbook entry by Theo Lingen (l.)

hannelore elsner

kam, um zu spielen, ebenso Michaela May, Uwe Ochsenknecht, Uschi Glas, Joachim Fuchsberger, Heiner Lauterbach oder Nikolaus Paryla.

Bühnenkunst
Irene Schachinger – hier bei einem Faschingsball – zu Ehren entstand der Musiksaal, der später zur *Komödie* umgebaut wurde.

Stagecraft
The music hall which later was rebuilt as The Komödie – was created to honor Irene Schachinger – here at a carnival ball.

Wer immer es im deutschen Kino oder Fernsehen in den vergangenen Jahrzehnten zu Ruhm und Bekanntheit gebracht hatte, stand irgendwann auch auf der Bühne der Komödie im Bayerischer Hof – und kommt immer wieder, aus gutem Grund. Diese Bühne bietet nicht nur Abwechslung, sondern auch ungewohnte Nähe zum Publikum – und für die Zuschauer gilt dasselbe: So unmittelbar sind Filmstars selten zu erleben. „Und", sagt Margit Bönisch, die Intendantin, „viele Fernsehschauspieler spielen gerne bei uns, um ihr Handwerk von Zeit zu Zeit zu schärfen."

Als Falk Volkhardt 1961 beschloss, die Bühnentradition im Bayerischen Hof wiederaufzunehmen, war das auch eine Geste an seine Mutter, die Opern- und Konzertsängerin Irene Schachinger. Hinzu kam: Im Haus war noch Platz. Als er einmal „trotz bester Verbindungen" keine Karten für eine Vorstellung in der Kleinen Komödie am Max-II-Monument bekam, fasste Volkhardt den Entschluss, den alten, von seinem Vater erbauten, nach dem Krieg ungenutzten Musiksaal im Haus zu einem Theater umbauen zu lassen. Er beauftragte den Münchner Architekten und Regierungsbaumeister Erwin Schleich und vom 31. Oktober 1961 an gab es zwei Boulevardtheater in München, die „Kleine Komödie am Max II" und die „Kleine Komödie im Bayerischen Hof", beide unter gemeinsamer Leitung.

Seither nimmt die Bühne im Hotel eine Sonderrolle unter den Münchner Theatern ein. Nach Residenztheater und Kammerspielen ist Die Komödie, wie sie Bönisch nennt, mit 560 Plätzen die drittgrößte Spielstätte in München, bekommt aber keinerlei staatliche Subventionen. Was vor allem daran liegt, dass der Spielplan hält, was der Name des Theaters verspricht: Komödie, Unterhaltung, Stücke voller Verwechslungen, grotesker Szenerien und Pointen. Diese Art von Theater, hat ihr einmal ein Politiker ganz offen gesagt, habe Unterstützung nicht verdient. Und meinte damit auch Standards von W. Somerset Maugham, David Mamet, Neil Simon und Gabriel Barylli, und Stücke wie Der eingebildete Kranke, Ein ungleiches Paar oder Loriots dramatische Werke. „Diese Unterscheidung zwischen U und E, also Unterhaltung und Ernst", sagt Bönisch, „gibt es nur in Deutschland."

Sie übernahm das Haus 1992, empfohlen hatte sie der damalige Generalintendant des Bayerischen Staatsschauspiels, August Everding. Bönisch ließ das Theater renovieren, trennte es organisatorisch vom Haus in der Maximilianstraße und setzte konsequent auf Komödien. Sie etablierte Soloprogramme etwa mit Michael Heltau und Musikabende mit den Songs von Edith Piaf, Johnny Cash oder Mahalia Jackson, und, speziell in der Weihnachtszeit, Inszenierungen für Kinder. Seit mehr als 20 Jahren ist Margit Bönisch damit erfolgreich, für Amüsement und Lachen im Theatersaal zu sorgen. Um Abend für Abend gute Laune zu erzeugen, ist es vor allem wichtig, die Schauspieler in Laune zu bringen. Bei manchen, erzählt sie, funktioniere das mit ein paar Worten, bei manchen mit Lachshäppchen. „Und manche brauchen ein Glas Champagner."

Hannelore Elsner came to act, as did Michaela May, Uwe Ochsenknecht, Uschi Glas, Joachim Fuchsberger, Heiner Lauterbach and Nikolaus Paryla. Anyone famous in German cinema or television in the last few decades has appeared at the Bayerischer Hof's Komödie.

This stage offers a change of pace and an unaccustomed immediacy: People rarely get to experience film stars so up close and personal. "And," says Margit Boenisch, the artistic director, "many TV actors like to appear on stage here to hone their craft."

Falk Volkhardt decided to resume the theater tradition at the Bayerischer Hof in 1961 as a gesture to his mother, singer Irene Schachinger. After he was unable to get tickets for the Kleine Komödie at the Max II Monument, Volkhardt decided to convert the hotel's old music hall into a theater. From October 31, 1961 there were two boulevard theaters in Munich, the "Kleine Komödie at Max II" and the "Kleine Komödie at Bayerischer Hof," both under the same management.

Since that time, the hotel theater has held a unique role among the Munich theaters. With 560 seats, the Komödie is Munich's third-largest playhouse after the Residenztheater and Kammerspiele – but does not receive state funding. The reason: the repertoire sticks to the promise in the theater's name: comedy, entertainment, pieces full of mix-ups, ridiculous scenes and punchlines. One politician openly said that this type of theater did not deserve government support – including old standards by W. Somerset Maugham, David Mamet, Neil Simon and Gabriel Barylli, and plays like Le Malade imaginaire, The Odd Couple and Loriots dramatische Werke. "This distinction between entertainment and serious theater," says Boenisch, "exists only in Germany."

In 1992, Boenisch took over and renovated the theater, separating it from Maximilianstraße and focusing on comedies. She established solo programs as well as evenings featuring music by Edith Piaf, Johnny Cash or Mahalia Jackson, and productions for children, especially at Christmas.

Margit Boenisch's theater has rung with laughter for over 20 years. The key: putting actors in a good mood. With some, all it takes is a few words, while others need salmon canapés or a glass of champagne.

Theaterblut
Mit 560 Plätzen ist die *Komödie* Münchens drittgrößtes Theater.

Theater in the veins
The Komödie *is the third largest theater in Munich with 560 seats.*

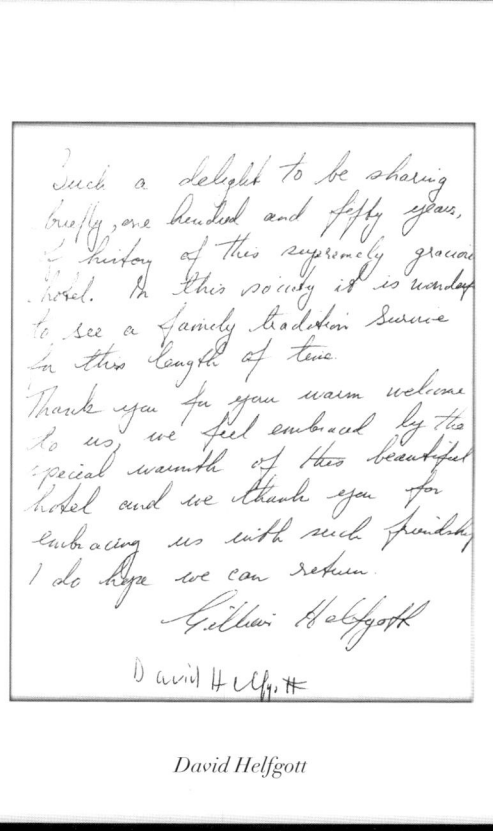

David Helfgott

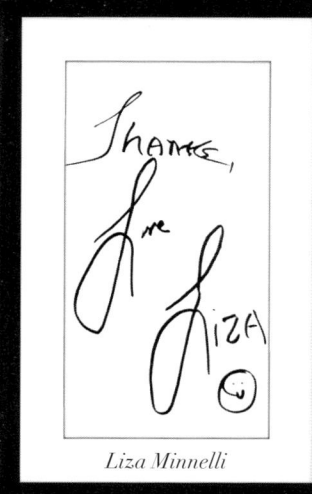

Liza Minnelli

ZZ Top

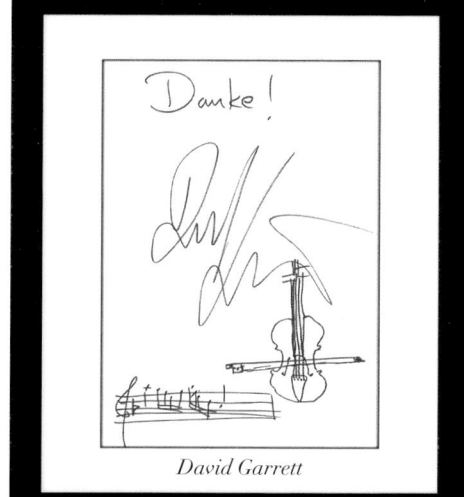

David Garrett

AUS DEM GÄSTEBUCH
From the guestbook

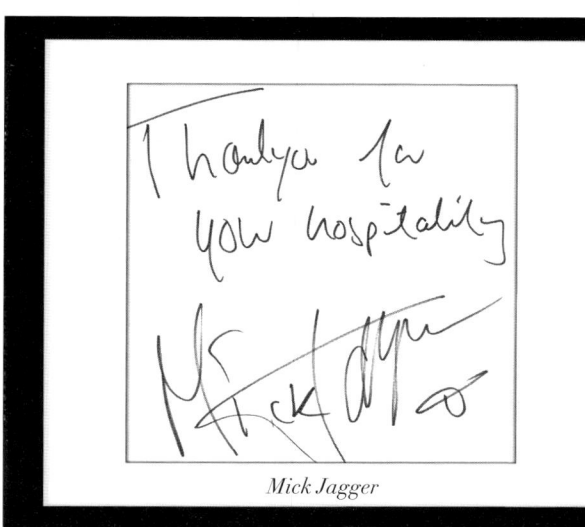

Mick Jagger

Bruce Springsteen

Gästebucheintrag von Maroon 5

Guestbook entry by Maroon 5

Falk Volkhardt begrüßt Fürstin Gracia Patricia

Falk Volkhardt is greets Princess Gracia Patricia

falk VOLKHARDT

war einer der ganz Großen unter den Hoteliers. Mit unermüdlichem Einsatz baute er den *Bayerischen Hof* nach der Zerstörung 1944 wieder auf und machte das Haus zum glanzvollen Mittelpunkt des Münchner Gesellschaftslebens. Von 1955 an, nach dem Tod seines Vaters, führte er das Haus allein.

Im Uhrzeigersinn/clockwise: Falk Volkhardt mit Peter Sellers und Begleitung 1971; Familie Volkhardt 1991: Michaela, Innegrit, Falk und Erika; Falk Volkhardt mit seiner Mutter Irene Schachinger; Poolparty 1963 mit Sabine Henne und Erika Volkhardt; mit Prinz Aga Khan und Begum; mit Prinzessin Margaret; mit Tochter Michaela in den 80er-Jahren; mit dem damaligen Bayerischen Ministerpräsidenten Franz Josef Strauß 1987; mit Schauspielerin Elke Sommer. Irene Schachinger bei der Pooleröffnung 1963 (r. S.)

Gut zehn Jahre hatte er da bereits damit zugebracht, den Trümmerhaufen, den die Bombardierung im Herbst 1944 hinterlassen hatte, wieder in ein funktionierendes Hotel und schließlich wieder zu Münchens bester Adresse zu verwandeln. Für das Haus waren es entscheidende Jahre, die Zeiten des Wiederaufbaus.

Falk Volkhardt war 19 Jahre alt, als er den Entschluss fasste, den *Bayerischen Hof* neu zu errichten. Mit einer Schubkarre war er zunächst in der Stadt unterwegs, um zu organisieren, was in einem Hotel am dringendsten von Nöten ist: Baumaterial, Bettgestelle, Lampen, Stühle, später fuhr er mit einem kleinen Lieferwagen übers Land. 1947 zählt das Haus 13 Zimmer, sie lassen sich aber noch nicht heizen. Nach der Währungsreform 1948 kommen Aufbau und Geschäft wieder in Schwung. Geschirr, Nägel und Früchte sind wieder zu haben, Jahr für Jahr kommen neue Zimmer hinzu. Anfang der 50er-Jahre ist der *Bayerische Hof* wieder die erste Adresse in München, viele Amerikaner sind zu Gast, Schriftsteller, Schauspieler, Hildegard Knef wohnt für mehrere Monate im *Bayerischen Hof*. Das Hotel wird zum Mittelpunkt der Münchner Gesellschaft, es ist die Zeit der großen Bälle, der Modenschauen und des Faschings. 1961 eröffnet die *Kleine Komödie*, Volkhardt lässt das erste Theater in einem Hotel in Deutschland errichten und zwei Jahre später auf dem Dach des Hauses ein Schwimmbad, eine Sensation für damalige Verhältnisse.

München sonnt sich im Gefühl, heimliche Hauptstadt zu sein, und erfindet sich noch mal ganz neu, als es 1966 den Zuschlag für die Olympischen Spiele erhält. Die Stadt bekommt eine U-Bahn, im Norden der Stadt entsteht der Olympiapark mit seinen legendären Zeltdachkonstruktionen. Für den *Bayerischen Hof* wird das Jahr 1969 zum wichtigsten Jahr nach dem Krieg. Falk Volkhardt kauft in Kitzbühel das Hotel *Zur Tenne*. Und nach langen Verhandlungen gelingt es ihm, vom Freistaat Bayern das baufällige Palais Montgelas zu erwerben, er lässt es von Siegward Graf Pilati fast drei Jahre lang prachtvoll renovieren und gestalten. Wenige Tage, bevor das olympische Feuer im Olympiastadion im August 1972 entflammt, begrüßt Volkhardt die ersten Gäste im Palais Montgelas – und legt damit den Grundstein für die Zukunft des Hauses in den 70er- und 80er-Jahren als erste Adresse für internationale und – wichtiger noch – für kulturelle und politische Veranstaltungen.

Vier Weggefährten aus diesen Jahren erzählen, wie sie den großen Hotelier in Erinnerung haben. Helmut Reiss, ein Mitarbeiter der frühen Jahre, seine langjährigen Freunde, der ehemalige Polizeipräsident von München, Manfred Schreiber, und der Filmproduzent Arthur Cohn sowie seine Ehefrau Erika Volkhardt.

Falk Volkhardt was one of the great hoteliers. With tireless effort he rebuilt the Bayerischer Hof *after the bombing, expanded it and made the hotel the glorious center of Munich's society. From 1955, after his father's death, he ran the hotel by himself.*

Only 19 years old when he decided to rebuild the *Bayerischer Hof*, he wandered through the city with a wheelbarrow, trying to organize what a hotel most urgently needed: building materials, beds, lamps and chairs. By 1947, the hotel had 13 rooms – that it couldn't heat. But after the currency reform in 1948, business came back to life. By the early 1950s, the *Bayerischer Hof* was the best hotel in Munich, its guests included many Americans, writers, actors – Hildegard Knef lived at the *Bayerischer Hof* for several months. It became the focal point of Munich's high society, the preferred location for balls, fashion shows and glittering Carnival celebrations. In 1961, Falk Volkhardt built Germany's first theater in a hotel, the *Kleine Komödie*. Munich was thriving in its role as West Germany's "secret capital." When the city was awarded the Olympic Games in 1966, a subway system and the Olympia Park were built. Falk Volkhardt constructed a swimming pool on the roof of the hotel on Promenadeplatz, a sensation in those days. Acquiring the abandoned Palais Montgelas from the Bavarian Government, he entrusted the design to Siegward Count Pilati, who gorgeously renovated it. Just days before the Olympic flame was lit in August 1972, Volkhardt greeted the Palais Montgelas' first guests – and secured the hotel's future as the prime site for international, cultural and political events.

Vive la Mode!
Falk Volkhardt (l.) mit Models an der früheren Tagesbar bei einer Modenschau von Nina Ricci

Vive la Mode!
Falk Volkhardt (l.) with models at the Tagesbar during a fashion show with Nina Ricci

HELMUT REISS

arbeitete drei Jahre lang im *Bayerischen Hof*. Falk Volkhardt war sein oberster Chef. Mehr als sechzig Jahre ist das her. Reiss, der heute ein Restaurant in Kalifornien leitet, erinnert sich:

„1950 habe ich im *Bayerischen Hof* angefangen. Ich war dreizehn Jahre alt, eine Bekannte meiner Familie stellte den Kontakt her. Das Hotel hatte damals 74 Zimmer. In den Holzböden und im Teppich der Treppen waren noch Brandflecken und es gab im ganzen Haus nur einen Lift. Trotzdem wurde der *Bayerische Hof* sehr schnell wieder groß. Es war die Zeit, als München wieder zu blühen begann. Drei Hotels gab es damals in der Stadt, in denen auch Prominente, Amerikaner vor allem, wohnten: den Königshof, das Vier Jahreszeiten und den *Bayerischen Hof*. In der AZ konnte man jeden Tag lesen, wer wo abgestiegen war. Der *Bayerische Hof* war damals schon die Nummer 1.

Ich fing als Page an. Ich trug eine schöne blaue Uniform mit Goldknöpfen, die immer poliert sein mussten. Mein Gehalt betrug 40 Mark im Monat. Fünf Tage Arbeit, zwölf Stunden am Tag, meistens von zehn Uhr früh bis zehn Uhr abends, ein Tag Berufsschule und ein Tag frei. Ich musste Theaterkarten und Blumensträuße besorgen, das Personal zum Essen holen, Gepäck und Post nach oben auf die Zimmer bringen, Besorgungen machen, Gäste ausrufen und Telegramme durchgeben, jeden Buchstaben natürlich einzeln.
Wie die Soldaten standen wir am Empfang. Wenn Herr Volkhardt etwas brauchte, rief der Portier: „Page!" Dann wurde einer von uns die Treppe hoch in sein Büro geschickt.
Oder wir halfen bei der Abreise mit dem Gepäck, während Herr Volkhardt Gäste verabschiedete. Vom Portier bekamen wir dann 50 Pfennig. Jedes Mal, wenn wir Herrn Volkhardt im Haus begegneten, mussten wir grüßen. „Guten Tag, Herr Volkhardt!" Er neigte dann den Kopf und lächelte.

Wir hatten enorm viel Respekt vor ihm und dem Haus. Wir fassten es als große Ehre auf, dort zu arbeiten. Jeden Morgen gab es einen Appell. Die Haare mussten gekämmt sein, die Fingernägel sauber und das weiße Hemd makellos, die Schuhe geputzt. Darauf achtete er sehr. Hätte etwas nicht gestimmt, hätte sein Manager, Herr Dietrich, das geregelt.

Herr Volkhardt trug sehr oft graue Anzüge, dazu ein weißes Hemd mit roter Krawatte. Das war sein Lieblingsoutfit. Woran ich mich gut erinnere: Er ist nie gegangen, er ist immer gelaufen. Er hatte einen

»ES WAR DIE ZEIT, ALS MÜNCHEN WIEDER ZU BLÜHEN BEGANN.«

Helmut Reiss worked for three years at the Bayerischer Hof, *and Falk Volkhardt was the big boss. That was more than sixty years ago, remembers Reiss, who today runs a restaurant in California:*
"In 1950 I started at the *Bayerischer Hof*. I was thirteen years old. A family acquaintance had a connection. The hotel had 74 rooms. There were still burn marks on the wooden floors and rugs, and only one elevator in the whole building.

Those were the days when Munich was coming back to life. There were three hotels in the city where prominent people, especially Americans, would stay: the Königshof, the Vier Jahreszeiten and the *Bayerischer Hof*. The *Bayerischer Hof* was already number 1.
I started out as a bellboy. I wore a neat blue uniform with gold buttons. My wages were 40 DM a month. You worked a five-day week, for twelve hours a day plus one day of vocational school. It was my job to collect theater tickets and flower bouquets, carry luggage and mail up to the rooms, run errands, tell guests they had calls and dictate telegrams, one letter at a time. We stood at the entrance like soldiers. When Mr. Volkhardt wanted something, the doorman would call "Bellboy!" and one of us would be sent upstairs to his office. Every time we met Mr. Volkhardt, we had to say, "Hello, Mr. Volkhardt." We had tremendous respect for him and the hotel. Even today, 62 years later, I dream of this time.

sehr großen Schritt. Es ging immer zackzack, eine Treppe überstiegen, und oben war er. Und: Er hatte ein sehr schönes Lächeln und war sehr charmant – mit den Gästen wie mit den Angestellten.

Bis August 1952 habe ich im *Bayerischen Hof* gearbeitet Mit 15 ging ich dann mit meinen Eltern und meinen vier Geschwistern nach Amerika. Noch heute, 62 Jahre später, träume ich oft von dieser Zeit."

Immer bereit
Pagen auf dem Promenadeplatz Anfang der 50er-Jahre; Postfächer an der Rezeption (o.)

Always ready
Bellboys at the Promenadeplatz in the early 1950's; Mailboxes at the reception (above).

Falk Volkhardt während der Renovierung des Königssaals im Palais Montgelas

Falk Volkhardt during the rebuilding of the Palais Montgelas

MANFRED SCHREIBER

war viele Jahre lang mit Falk Volkhardt befreundet. Von 1963 bis 1983 war Schreiber Polizeipräsident von München.

„Falk Volkhardt und ich hatten anfangs oft miteinander zu tun, wenn große Veranstaltungen bevorstanden und Sicherheitsfragen zu klären waren. Wir waren ja fast Nachbarn, das Polizeipräsidium in der Ettstraße liegt ja nur ein paar Minuten zu Fuß entfernt vom *Bayerischen Hof.*

In puncto Sicherheit war Falk Volkhardt immer sehr beweglich und hat Einschränkungen akzeptiert. Wenn ich sagte, man müsse den Verkehr zwei Stunden vor dem Haus umleiten, dann antwortete er nicht: ‚Ich gehe zum OB!', sondern: ‚Eineinhalb Stunden.' Ich darauf: ‚Gut, eindreiviertel.' Und man war beieinander. Wir sprachen die gleiche Sprache und hatten viel dafür übrig, die Dinge ‚münchnerisch' zu regeln.

Besser kennengelernt haben wir uns in einer Reihe von heiklen Situationen. Daraus entwickelte sich dann eine Freundschaft. Wir sahen uns mal mittags, mal abends, vor und nach Veranstaltungen, im Augustiner, im Bratwurstglöckl oder im *Palais Keller.* Manchmal auch in Starnberg bei den Volkhardts zu Hause. Einmal nahmen wir gemeinsam einen Erpresser fest. Da kannten wir uns vier oder fünf Jahre. Wir saßen beim Kaffee und bekamen kurz nacheinander unabhängig voneinander

Manfred Schreiber was Falk Volkhardt's friend for many years. From 1963 to 1983, Schreiber was Munich's Police Commissioner.

"Falk Volkhardt and I initially worked together on big events with security issues that had to be addressed. We were practically neighbors, with the police headquarters on Ettstraße close to the *Bayerischer Hof.*
Regarding security, Falk was always flexible and took necessary restrictions in stride. If I said traffic had to be detoured for two hours, he would not argue, he would negotiate. We got along. We got to know each other better and became friends.

Once we caught a blackmailer together. We were having coffee when we heard that someone was demanding DM 20,000 from Falk or a bomb would go off in the hotel lobby. We quickly decided to deal with it ourselves. We had two hours to get ready and then rushed through the city. First Falk was told to leave the money in a paper bag in

„FALK VOLKHARDT VERKÖRPERTE DIE *FEINHEITEN* MÜNCHNER FLAIRS."

die Nachricht, dass ein Erpresser 20 000 Mark von Falk fordere. Sonst gehe eine Bombe in der Hotelhalle los. Er sollte die Summe an einem noch nicht bekannten Ort hinterlegen. Schnell waren wir uns einig: Das machen wir selbst.

Wir hatten zwei Stunden zur Vorbereitung und wurden dann zwei Stunden durch die Innenstadt geschleust, der Falk immer voraus. Zunächst hieß es, er solle das Geld verpackt in einer Papiertüte in einer Telefonzelle an der Maxburg deponieren. Unauffällig folgten uns zwei, drei Polizeibeamte. In der Tüte waren natürlich nur Papierschnipsel. Als wir die Telefonzelle betraten, fanden wir dort einen Zettel, auf dem stand: Gehen Sie zur nächsten Telefonzelle. So ging das etwa eineinhalb Stunden. Der Erpresser schickte uns von Telefonhäuschen zu Telefonhäuschen, alle in der Bahnhofsgegend.
Schließlich lockte er uns in das Kino am Bahnhof. Falk musste sich in die letzte Reihe setzen und auf ein Kommando die Tasche fallen lassen. Beinahe wären wir an einer lächerlichen Kleinigkeit gescheitert: Keiner von uns hatte Geld für die Kinokarte dabei. Es blieb mir nichts übrig, als meinen Ausweis zu zeigen. Die beiden Kriminalbeamten und ich saßen eine Reihe vor Falk. So gelang es uns, den Täter zu fassen. Den Erpresser selbst zu überführen, machte ihm große Freude. Und ich war froh, dass ich mal wieder einen Einsatz hatte. Das war nur möglich, weil wir gut befreundet und auch abenteuerlustig waren.

Er war ebenso leger wie konsequent. Er wusste immer genau, was er wollte – und was er tat. Und zugleich war er sehr lustig, fröhlich und gesellig. Er genoss es schon auch, im Mittelpunkt zu stehen, aber als Gastgeber, nicht als Gast. Diesen feinen Unterschied kannte er genau. Als sein Gast musste man diesen Unterschied aber auch akzeptieren. Ich erinnere mich an Abende mit Hunter, dem *AZ*-Kolumnisten. Da war er eine Zeit lang dabei, trank ein paar Gläser mit, aber dann machte er deutlich, dass er der Hausherr war und seine Pflichten hatte. Er konnte das gut abgrenzen. Ich konnte mir qua Beruf auch nicht viel erlauben. Deshalb verstand ich das sehr gut. Dass er zugleich konsequent und umgänglich war, sah man auch an der Auswahl seiner Mitarbeiter und wie er das Haus führte. Falk gab nie die Zügel aus der Hand, er verkörperte das Anspruchsvolle ebenso wie das Bayerische. Das schätzten auch so unterschiedliche Charaktere wie Franz Josef Strauß, Walter Scheel oder Henry Kissinger, die häufig zu Gast waren im *Bayerischen Hof*. Was ich rückblickend am meisten schätzte: Falk Volkhardt verkörperte die Feinheiten Münchner Flairs."

a phone booth at the Maxburg. There was only shredded paper in the bag, of course. When we got there we found a note: Go to the next phone booth. The blackmailer sent us from one booth to the next. Finally he lured us into the movie theater at the railroad station. Falk was supposed to sit in the last row and drop the bag. We nearly failed because of a ridiculous problem. Neither of us had any money for movie tickets, so I had to show my ID. Two detectives and I sat a row in front of Falk and caught the criminal. Falk was delighted that he got to arrest the blackmailer himself, and I enjoyed working on a case again.

As a person, he was both relaxed and consistent, knowing exactly what he wanted and what he was doing. At the same time, he was very funny, happy and sociable. He enjoyed being at the center of attention – but as a host. He was very conscious of that distinction.
You could see by his management style and his choice of employees that he was both thorough and casual. Falk never passed the reins. He was sophisticated yet natural, admired by such different people as Franz Josef Strauß, Walter Scheel and Henry Kissinger, all of whom stayed at the *Bayerischer Hof*. Falk Volkhardt epitomized what I would call the Munich flair."

Freund des Hauses: Ex-Bundespräsident Walter Scheel mit Erika Volkhardt

Friend of the Bayerischer Hof ... former German Federal President Walter Scheel with Erika Volkhardt

Ein Anruf …
und alle bekamen
es mit: Page auf
der Suche nach
dem Regisseur
Eric Charell

A call …
and everybody
knew about it:
Bellboy searching
for movie director
Eric Charell

ERIKA VOLKHARDT

heiratete Falk Volkhardt 1961, aus der Ehe gingen die Töchter Michaela und Innegrit hervor. Sie erinnert sich an ihre gemeinsame Zeit als Gastgeber im *Bayerischen Hof* und an seine Art, das Haus zu führen.

„Häufig begrüßten wir gemeinsam Gäste. Für den Fall, dass einem von uns der Name des Gastes nicht geläufig war, hatten wir ein Ritual verabredet: Er fuhr sich dann mit der Hand am Revers seines Jacketts entlang. Wusste ich nicht, mit wem ich es zu tun hatte, sah ich ihn mit großen fragenden Augen an. Das funktionierte tadellos. Bis auf ein einziges Mal. Eine heute noch sehr bekannte Dame kam zu Besuch, und ich sah ihn mit großen Augen an. Er wiederholte daraufhin mehrmals ihren Namen. Schließlich begleitete ich sie zu ihrem Zimmer und sprach sie dabei wieder mit dem Namen an. Als sie sich verabschiedete, sagte sie nur: „Ich bin übrigens nicht diejenige, für die Sie mich halten." Sehr peinlich.

Worin Falk wirklich wunderbar war: Er gab all seinen Mitarbeitern das Gefühl, Teil einer großen Familie und unverzichtbar zu sein. Jeder konnte zu ihm kommen mit seinen Sorgen und Problemen. Und er half,

Erika Volkhardt married Falk Volkhardt in 1961, and they had two daughters, Michaela and Innegrit. Here she shares memories of her husband at the Bayerischer Hof.

"We often greeted guests together. If one of us couldn't remember the guest's name, we used a signal: He would brush his hand along his jacket lapel, and I would look at him with big questioning eyes. That worked perfectly. Except once. A woman who is still very famous came to stay and I used our signal, so he repeated her name several times. Finally, I uttered her name. As I was leaving she said, "I'm not the person you take me for." Quite embarrassing. My husband was wonderful at making his employees feel like they were an irreplaceable part of a large family. Anyone could come to him with their problems and he would

sie zu lösen, so gut er konnte. Er war für seine Mitarbeiter eine echte Vaterfigur. Bei der Wahl seiner Angestellten verließ er sich oft auf sein Gefühl. Ich erinnere mich etwa, wie sich eines Tages eine Rezeptionistin vorstellte, sie hatte eine Mappe mit ausgezeichneten Zeugnissen bei sich. Falk fragte aber nur: „Wie ist Ihr Name?" Der war ihm geläufig, er hatte gehört, dass sie anderswo gute Arbeit machte. Er fand sie sympathisch, duzte sie auf der Stelle und stellte sie sofort ein. Dabei, verriet sie mir später, hätte sie so gerne ihre tollen Zeugnisse gezeigt. So locker war er aber nicht immer.

Er konnte sehr streng sein. Auch einem guten Freund gegenüber wie Hannes Obermaier, Hunter. In den 60er- und 70er-Jahren war er jeden Tag bei uns, die Bar war sein Zuhause und er ihr Mittelpunkt. Gelegentlich agierte er dann, als sei er der Hausherr. Das gefiel Falk gar nicht und er machte ihm auch deutlich, dass kein anderer als er selbst dort etwas zu sagen habe.

Eine andere Anekdote erklärt gut die Art und Weise, wie mein Mann das Haus führte. Häufig war der Schauspieler Hans Moser zu Gast. Einmal äußerte er den Wunsch, auf dem Promenadeplatz zu frühstücken. Die Rezeptionistin verwehrte ihm das, wies darauf hin, das ginge mit Rücksicht auf andere Gäste nicht. Falk bekam das mit und antwortete: „Natürlich ist das möglich." Sprach's und trug selbst Stuhl und Tisch über die Straße, neben das Denkmal, wo heute Michael Jackson gedacht wird. Moser saß von diesem Tag an jeden Morgen an einem mit blauer Tischdecke und weißer Stoffserviette gedeckten Tisch und frühstückte auf dem Promenadeplatz. Wünsche seiner Gäste zu erfüllen, war meinem Mann ausgesprochen wichtig."

do his best to help. He was a father figure to them. When choosing employees, he often relied on his instinct. Once, a receptionist applied for a job, carrying a briefcase containing some excellent references. Falk simply asked her, "What's your name?" He already knew who she was, had heard that she did a good job. He liked her, called her by her first name and hired her on the spot – without seeing her wonderful references.

But he wasn't always so easy-going. He could also be very tough, even to a good friend like Hannes Obermaier, known as Hunter. In the 60s and 70s, Hunter was here every day. He virtually lived in the bar and was its focal point, sometimes acting like the host. My husband didn't like that at all and made clear that he was the only one in charge.

Another anecdote: Hans Moser the Austrian actor was often a guest. Once he asked to eat his breakfast on Promenadeplatz. The receptionist said it wasn't possible. Falk overheard them and said, "Of course it's possible." Then he carried a table and chair across the street next to the monument, where Michael Jackson is now memorialized. From then on, whenever he visited, Moser sat at a table with blue tablecloth and white cloth napkins and had breakfast on Promenadeplatz. Fulfilling guests' wishes was extremely important to my husband."

arthur cohn

war über viele Jahre mit Falk Volkhardt befreundet und ist dem *Bayerischen Hof* bis heute eng verbunden. Mit sechs Oscars ist Cohn einer der erfolgreichsten Filmproduzenten weltweit.

„Einige Tage vor der jährlichen Oscarverleihung pflege ich in Hollywood ein Dinner für 20 Freunde in der Filmindustrie zu geben, wobei jeweils ein VIP aus Los Angeles und ein VIP aus dem Ausland die Ehrengäste sind. Beim letzten Essen war Jim Gianopulos, der CEO der 20th Century Fox, der Ehrengast zusammen mit Innegrit Volkhardt, die für dieses Dinner extra aus München nach Los Angeles geflogen ist. Ich bat sie zuvor in einem Fax aus Kalifornien, mir wesentliche Angaben über ihr Leben und ihre Person zu geben, die ich in der persönlichen Einführung der Ehrengäste benützen könnte. Innegrit sandte mir spontan eine Biografie ihres Vaters, Falk Volkhardt, und goldig, wie sie ist, fügte sie diesen Angaben handgeschrieben lediglich bei: „Ich bin die Tochter von Falk Volkhardt, nur das zählt."

Als 20-Jähriger begann Falk Volkhardt als Assistent seines Vaters beim Wiederaufbau des Hotels *Bayerischer Hof* in München tätig zu sein, wobei er im Jahre 1955 die alleinige Verantwortung als Eigentümer übernahm, nachdem sein Vater verstorben war. Der persönliche Zugang zu seinen Hotelgästen war für Falk Volkhardt von Anfang an von allergrößter Bedeutung. Mit ihm besprachen die Gäste ihre Sorgen und all das, was sie persönlich beschäftigte. Alle waren zutiefst dankbar dafür, in der Person des Eigentümers und Hoteldirektors einen einfühlsamen Menschen gefunden zu haben, der ernsthaft zuhören konnte. Im Zugang zu seinen Gästen kannte Falk Volkhardt keine Umwege, keine Hintergedanken und keine persönlichen Interessen. Bei speziellen Anlässen, wie Hochzeiten oder Beerdigungen, zeigte sich seine individuell-menschliche Einfühlsamkeit, welche bei seinen Ansprachen und Würdigungen am eindrucksvollsten zum Ausdruck kam. Es zeugt für seine ungewöhnlichen geistigen Fähigkeiten, seine Strebsamkeit und seine vielseitigen Interessen, dass er neben seinen Tätigkeiten und Pflichten im Hotel, die er mit seiner ganzen Persönlichkeit verantwortungsvoll erfüllte, stets die Zeit fand, auch an seiner eigenen Weiterbildung zu arbeiten. Falk Volkhardt freute sich, ab und zu ins Ausland zu reisen, um bei bevorzugten Hotels und deren Direktoren Ratschläge für den *Bayerischen Hof* zu erhalten. Zu seinen Lieblingshotels gehörten insbesondere das Baur au Lac in Zürich, das Bristol in Paris sowie das Mauna Kea auf Hawaii, wo sich auch heute noch das ältere Personal des Hotels mit größter Herzlichkeit an ihn erinnert.

Volkhardt war besonders stolz auf seine regelmäßigen Begegnungen mit seinen Freunden Frank Wangemann, dem Geschäftsführer des Waldorf Astoria in New York, und Jack Dorly, welcher der Avon Kosmetik vorstand. Obwohl beide in Amerika lebten, waren diese engen persönlichen Freundschaften so intensiv, dass man sich regelmäßig traf. Wenn ich mir

Arthur Cohn was a friend of Falk Volkhardt for many years and still has close ties to the Bayerischer Hof. *The six-time Oscar winner Cohn is one of the most famous movie producers worldwide.*

"A few days before the Oscar ceremonies, I host a dinner in Hollywood for 20 friends in the film industry, with a VIP from LA and one from abroad as the guests of honor. Last time it was Jim Gianopulos, CEO of 20th Century Fox, and Innegrit Volkhardt, who flew in from Munich just for this dinner. I asked for some details about her life so I could introduce her. She sent me her father's biography, and added a handwritten note that said, "I'm the daughter of Falk Volkhardt, that's all that matters."

When he was 20, Falk helped his father rebuild the *Bayerischer Hof* in Munich. In 1955 he took over as owner and manager after his father passed away. Volkhardt was always available to his guests. They treated him as a confidant, and were grateful to have found an empathetic listener. He welcomed all his guests, did not question their motives, and had no personal gain from their friendships. On special occasions, he conveyed his kindness in words of praise and recognition.

In addition to running the hotel, he took the time to learn. Falk enjoyed traveling abroad, seeking advice from managers of renowned hotels. His favorites included the Baur au Lac in Zurich, Le Bristol in Paris, and the Mauna Kea Beach Hotel in Hawaii.

When I think about Falk Volkhardt, he had the ability to be who he really was, speak his own mind, and follow his own beliefs. He was open and his honesty was uncompromising. He was fully aware how much he owed his accomplishments to his wife Erika. The warm ambience of their home was a source of real joy to him that he radiated to those around him. At major social events, Erika was always by his side and she

Gute Freunde
Arthur Cohn, sechs Oscars, mit Meryl Streep, drei Oscars

Good friends
Arthur Cohn, six Oscars, with Meryl Streep, three Oscars

überlege, was die außergewöhnliche Größe von Falk Volkhardt ausmachte, so denke ich, dass es seine Kraft war, so zu sein, wie er wirklich war, so zu sprechen, wie er wirklich dachte, so zu handeln, wie es seiner innigsten Überzeugung entsprach, und dies ohne Rücksicht darauf, überall Gefallen zu finden. Stets war es seine Offenheit und seine kompromisslose Ehrlichkeit, welche ihm sein Wesen diktierte. Alles irgendwie Ungerade war für Falk Volkhardt völlig wesensfremd.

Er war sich auch vollkommen bewusst, wie viel er seiner Gattin Erika zu verdanken hatte. Die warme und harmonische Atmosphäre seines Heims mit seinen Töchtern Michaela und Innegrit und den Tieren bedeutete für Falk Volkhardt eine Quelle echter Freude, die er auf seine Mitmenschen ausstrahlte. Bei allen wichtigen gesellschaftlichen Veranstaltungen war Erika stets an der Seite ihres Mannes, und sie war stolz darauf, bei architektonischen Entscheidungen stark involviert zu werden, wie z. B. im Jahre 1969, als das Palais Montgelas zusätzlich gekauft wurde und Erika maßgeblich an der Neugestaltung oder besser gesagt Umgestaltung beteiligt war. Als Besitzerin mehrerer Boutiquen gab Erika zusätzlich dem Haus ein ganz besonderes Flair.

Falk Volkhardt hat in München Vorbildliches geleistet. Konsequent und unbeirrbar und mit einem echten Verantwortungsgefühl trachtete er immer, gestellte Aufgaben als Hotelinhaber und als Mensch in vorbildlicher Zurückhaltung seiner eigenen Person zu erfüllen. Es war das wichtigste Anliegen von Falk Volkhardt anlässlich des 150-jährigen Bestehens des Hotels *Bayerischer Hof* eine große Feier zu organisieren und die Öffentlichkeit mit einer aufschlussreichen Hotelchronik zu orientieren. Es war Volkhardt vergönnt, beide Projekte praktisch umzusetzen, bevor er erkrankte und im Alter von 75 Jahren infolge eines Schlaganfalls mit der Gewissheit verstarb, dass „meine Innegrit", wie er seine jüngere Tochter nannte, sein geliebtes Hotel als ihre wesentliche Herzensangelegenheit im Sinne ihres Vaters weiterführen würde. Dies tut Innegrit auf vorbildliche Weise nun schon seit über 20 Jahren, mit enormem Talent, mit innerer Überzeugung und ganz im Sinne ihres unvergesslichen Vaters. Innegrit hat viele beispielhafte Eigenschaften ihres Vaters übernommen, das Talent, mit Schwierigkeiten jedweder Art fertig zu werden, die Würde, die es in allen Lebenslagen zu erhalten gilt, die tiefe Dankbarkeit über die kleinsten Zeichen der Freundschaft, und allem voran die von Herzen kommende Güte und außerordentliche Bescheidenheit. Oft denkt Innegrit, wie auch die zahlreichen Bewunderer von Falk Volkhardt, an die weisen Worte von Ernest Hemingway: „Niemand den man wirklich liebt, ist jemals tot."

proudly contributed to architectural decisions. As the owner of several boutiques, she gave the Palais Montgelas a special flair and played a key role in its redesign.

Falk Volkhardt was a role model in Munich. Consistent, unswerving, and with a great sense of responsibility, he fulfilled the tasks of a hotel owner with a civic conscience. For the *Bayerischer Hof's* 150th anniversary, he organized a huge celebration and public exhibition chronicling its history. He completed both projects before falling ill and dying at age 75. He passed away knowing that his daughter Innegrit would run the hotel in the same spirit – and she has been doing an outstanding job for the last 20 years.

Innegrit shares the exemplary traits of her father, the talent to deal with any problem, a deep gratitude for true friendships, and the ability to embody goodness and humility. Just like many other admirers of her father, she thinks of Hemingway's words: "No one you love is ever truly lost."

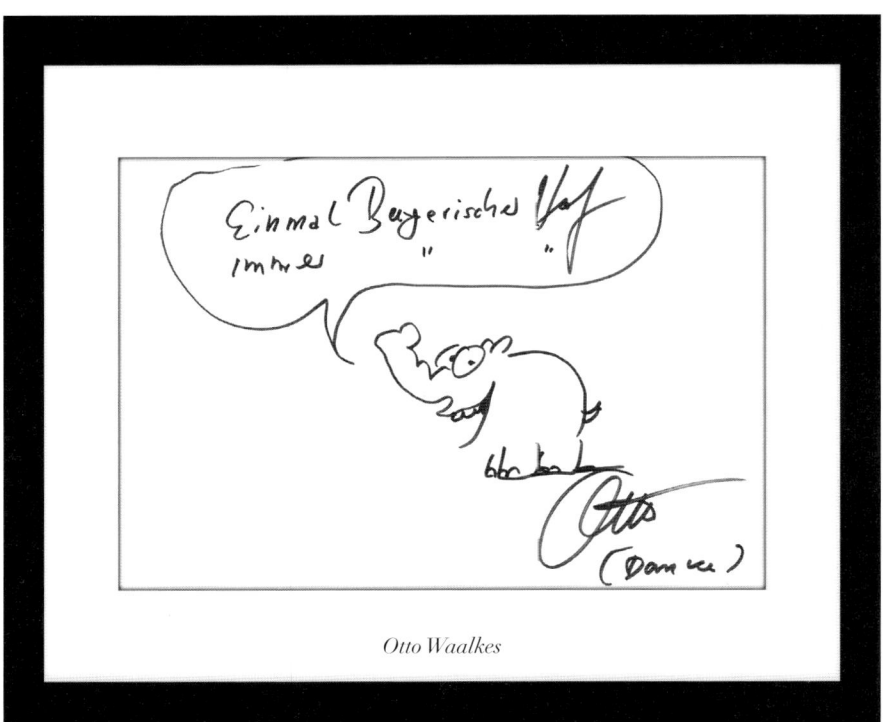

Otto Waalkes

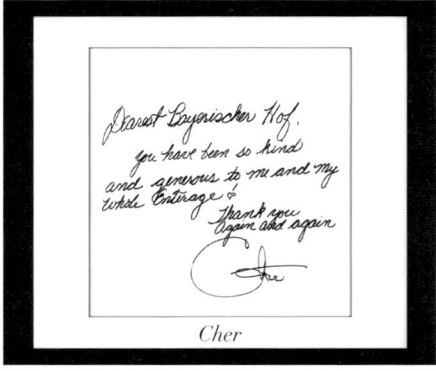

Cher

AUS DEM GÄSTEBUCH
From the guestbook

Woody Allen

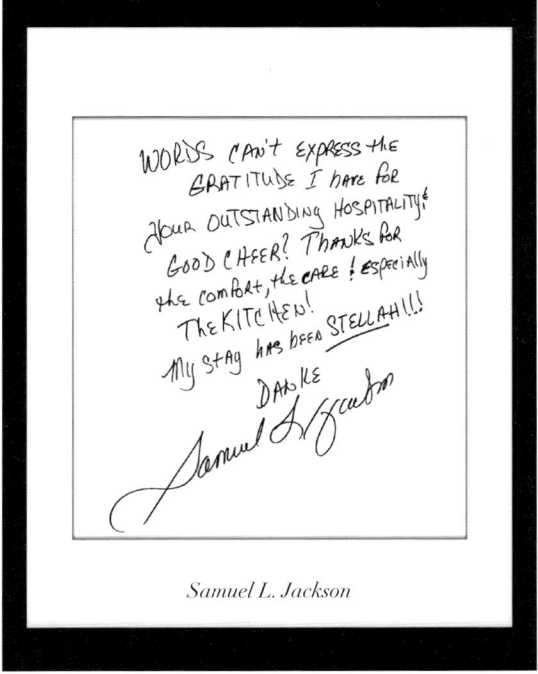

Samuel L. Jackson

**Bing Crosby,
Telegramm aus dem Jahr 1971**

*Bing Crosby,
telegram from 1971*

KIRK DOUGLAS

Fröhliche Weihnachten u. ein erfolgreiches Jahr. Hoffentlich sehen wir uns recht bald

Mr. and Mrs. Kirk Douglas

Maskenball
Faschingsball Mitte der 50er-Jahre im Spiegelsaal. Erst Gast, dann Freund: Kirk Douglas mit Erika Volkhardt (r. o.)

Carnival
Masquerade during the 1950s in the Hall of Mirrors. First guest, then friend: Kirk Douglas with Erika Volkhardt (right side)

war der Stargast, Peter Frankenfeld übernahm die Conference, und unter den 600 Gästen im Festsaal des *Bayerischen Hofs* waren die größten Namen, die Film und Sport damals zu bieten hatten, Max Schmeling, Maria Schell und Gert Fröbe.

Faschingsbälle gab es damals viele in München, 1200 Veranstaltungen wurden in mancher Saison zwischen Anfang Januar und Aschermittwoch gezählt. Die größten, spektakulärsten und rauschendsten Feste wurden im *Bayerischen Hof* gefeiert. „Jeden Tag fand ein anderer Ball statt. Und mein Mann bestand darauf, dass ich jeden Abend ein anderes Faschingskostüm trug", erinnert sich Erika Volkhardt. Es war die Zeit, als sich legendäre Münchner Bälle wie der Madame-Ball, der Ball der Österreicher, Chrysanthemen-, Magnolien- und Margeritenball etablierten.

Doch als der Verleger Franz Burda aus Offenburg 1961 erstmals zum Bal paré einlud, überschlugen sich die Zeitungen. Burda scheute weder Aufwand noch Kosten, der Ball wurde zu dem Ereignis, auf das ganz Deutschland blickte. Als 1962 die Ankündigung die Runde machte, dass Ella Fitzgerald auftrete, rissen sich auch Wirtschafts- und Politgrößen um Einladungskarten. 1963 charterte Burda ein Flugzeug, um Tänzerinnen sowie eine Reihe von Stars von Paris nach München einzufliegen, gefeiert wurde bereits an Bord. Über die Gagen von Stars wie Diana Ross und den Supremes zu spekulieren, war ebenso Teil des Ballvergnügens, wie die enorme Aufmerksamkeit, die der Ball im ganzen Land auf sich zog. Wie kein anderer Ball wurde der Bal paré zum Symbol für die wieder zu Wohlstand gelangte Bundesrepublik, die sich im Glanz von Filmstars wie Romy Schneider, Sophia Loren, Claudia Cardinale, O.W. Fischer oder Nadja Tiller sonnte und über Auftritte von Weltstars wie Duke Ellington, Shirley Bassey oder Eartha Kitt staunte.

Für Burda lohnte sich der Bal paré in doppelter Hinsicht. Seinen Zeitschriften lieferte er seitenweise Geschichten und glamouröse Bilder. „Und über den Bal paré hat mein Vater München erobert", erinnert sich sein Sohn Hubert Burda. 1970 fand der Bal paré zum letzten Mal statt, neben dem roten Teppich warteten nicht nur Autogrammjäger, sondern auch Demonstranten. Franz Burda zog die Konsequenzen und verschickte im Jahr darauf statt einer Einladung einen Brief, in dem er das Ende des Bal paré ankündigte. Seither feiert der Burda-Verlag einmal im Jahr ein anderes großes Fest: die Bambi-Verleihung.

So sehr sich die Abendkleider und die Gebräuche, Feste zu feiern, auch verändert haben: Die Tradition, die damals in München begründet wurde, ist heute noch gültig. Wer etwas zu feiern hat, geht in den *Bayerischen Hof.* Was zur Folge hat, dass viele Münchner ihre Erinnerungen an erste Nächte im Abendkleid oder dunklem Anzug, erste Tanzschritte und erste Flirts mit dem *Bayerischen Hof* verknüpfen, etwa beim Debütantenball oder einem Abschlussball der Münchner Tanzschulen. Neben der perfekten Lage mitten in der Stadt trug dazu auch der Festsaal mit seinen Treppen und Balkonen bei, von dem herab sich das Geschehen im Parkett so herrlich beobachten lässt. Seitdem der Festsaal 2001 renoviert wurde, lässt sich in Sommernächten sogar das Dach öffnen, sodass man mitten in München bei Vollmond oder unterm Sternenhimmel feiern kann.

Kirk Douglas was the star guest, Peter Frankenfeld the host and the 600 guests at the Bayerischer Hof *included the biggest names in German film and sports in 1961.*

Fasching balls were common in Munich back then, with as many as 1,200 different events held from January to Ash Wednesday. The most spectacular were at the *Bayerischer Hof.* "There was a ball every single day and my husband insisted that I wear a different costume to each one," recalls Erika Volkhardt. But when publisher Franz Burda first invited people to the Bal paré in 1961, the newspapers held nothing back. Since Burda spared no expense, the ball was an event watched by all of Germany. In 1962, when news spread that Ella Fitzgerald would appear, the biggest names in business and politics fought for invitations. In 1963, Burda chartered a plane to fly dancers and stars from Paris to Munich. Like no other event, the Bal paré became the symbol of affluence in post-war Germany, bathing in the glory of film stars like Romy Schneider, Sophia Loren, Claudia Cardinale, O.W. Fischer and Nadja Tiller and thrilling appearances by such international stars as Duke Ellington, Shirley Bassey and Eartha Kitt.

For Burda, the Bal paré provided pages of glamorous pictures and stories for his magazines. The last Bal paré took place in 1970, when fans stood side by side with demonstrators. Franz Burda saw the trend and sent out a letter announcing the end of the Bal paré. Burda Verlag staged a different annual party from then on: the Bambi media awards ceremony.

The Munich tradition is still alive today: If you have something to celebrate, you go to the *Bayerischer Hof.* Many of the city's residents associate wearing their first ball gown or dark suit, their first dances and first kiss with the *Bayerischer Hof.* The hotel's mid-city location, the banquet hall with its elegant stairs and balconies for watching the dance floor made it the logical choice. Since 2001, the roof opens on summer nights, so partygoers can celebrate under a full moon or a starry sky.

In allen Ehren

Politiker, kirchliche Würdenträger und Fürstenhäuser schätzen den *Bayerischen Hof* seit Langem. Eine sehr kleine Auswahl:

Politicians, church dignitaries and nobility have long appreciated the Bayerischer Hof. Here is a small selection:

Rudy Giuliani · Prinzessin Louise von England · Prinz Georg von Preußen · Queen Elizabeth · Konrad Adenauer · Theodor Heuss · Gerhard Schröder · Herzog Ferdinand von Alençon · Willy Brandt · Albert von Monaco · Herzogin Auguste von Coburg · Kaiser Napoleon III. · Horst Köhler · König Carl Gustaf · Gustav Stresemann · Königin Silvia von Schweden · Fürst Karl von Lichnowsky · Richard von Weizsäcker · König Alfons XII. von Spanien · Jigme Khesar Namgyel Wangchuck, König und Königin von Bhutan · Bill Clinton · Franz Herzog von Bayern · Papst Pius VII · Zar Alexander III. von Russland · Albert Einstein · Prinz Alexander von Preußen · Papst Benedikt XVI. · König Abdullah II. von Jordanien · König Ludwig II. · Kronprinzessin Viktoria von Schweden · Herzogin Clementine von Coburg-Kohary · Apostoloes Makarounsis

Roman Herzog

Bundespräsident von 1994 bis 1999 und zuvor elf Jahre lang als Verfassungsrichter tätig, ist seit vielen Jahren – aus gutem Grund – Stammgast des *Bayerischen Hofs*:
„In der Hotellerie gibt es bekanntlich zwei Kategorien: die Herbergen und die Institutionen. Der *Bayerische Hof* in München ist eine Institution der obersten Klasse. Deshalb sage ich ihm die herzlichsten Glückwünsche zum 175-jährigen Bestehen. Alles Gute für die Zukunft."

Germany's president from 1994 to 1999 and Constitutional Court judge for eleven years before that, has been a regular guest at the Bayerischer Hof *for many years – and for good reason.*
"There are two categories of hotels: accommodations and institutions.
The Bayerischer Hof *in Munich is a first-class institution.*
I would like to congratulate them on their 175th anniversary. I wish them all the best for the future."

Schon gelesen?
Sommers Kolumnen waren Stadtgespräch. Auch bei Irene Schachinger (r.) und ihren Freundinnen

... did you read this?
Sommer's columns were the talk of the town. Also for Irene Schachinger (r.) and her friends

SIGI SOMMER

erkundete vier Jahrzehnte lang die Seiten Münchens, die in den Kolumnen seines AZ-Kollegen Hunter allenfalls am Rande eine Rolle spielten: die Hinterhöfe, die Vorstadt, und all die Plätze, die kaum je das Interesse der Öffentlichkeit auf sich zogen.

Als *Blasius, der Spaziergänger*, notierte Sommer die Beobachtungen seiner Streifzüge durch die Stadt, boshaft, genau und mit großer Sprachlust. Jeden Freitag war seine Kolumne in der *Abendzeitung* zu lesen, von 1947 an mehr als vierzig Jahre lang. Sommers Blick auf die Dinge stand für eine ganz eigene Spielart Münchner Lebensgefühls. „Wenn ich schreibe, bin ich grundsätzlich grantig, denn das ist der Ur- und Idealzustand des Münchners", sagte er einmal über seine Haltung.

So häufig seine Texte von Standlfrauen, Streunern, Kleinganoven und Isarschönheiten erzählten, am *Bayerischen Hof* kam auch Sommer nicht vorbei. Zweierlei führte ihn, der immer in weißen Tennisschuhen unterwegs war, regelmäßig auch an den Promenadeplatz: die Sauna, in der er über viele Jahre nahezu täglich schwitzte, oft in Gesellschaft nicht ganz unbekannter Münchner. Und der Fasching. In den 50er- und 60er-Jahren besaß der Fasching in München eine heute kaum noch zu ermessende Bedeutung. Die Zeitungen berichteten detailliert und umfänglich wie heute allenfalls über Champions-League-Spiele. Und der *Bayerische Hof* war die Arena, in der die größten und glanzvollsten Feste gefeiert wurden. Sommer war der Maskerade und der Ausgelassenheit im Grundsatz ausgesprochen zugetan. „Wenn man aus all der Lebensfreude eines gelungenen Faschingstreibens eine Essenz machen könnte, müsste ein einziger Tropfen davon genügen, um ein achtstöckiges Altersheim wieder zu verjüngen", schrieb er einmal. Seinen Scharf-

Sigi Sommer explored aspects of Munich that would appear in the columns he wrote for the Abendzeitung *paper for 40 years: backyards, suburbs, and all kinds of places that hardly drew the public's attention.*
He invented the character Blasius the Pedestrian, and through his eyes, he jotted down observations of his forays through the city, with a great deal of accuracy, some spite, and playful language. His column appeared in the Abendzeitung *every Friday, starting in 1947. Sommer's view of things reflected a particularly Munich-specific attitude.*

"When I write, I'm basically a curmudgeon because that is the original and ideal state of a Munich resident," he once said about his demeanor. As much as he wrote about the ladies manning the stalls, tramps, petty criminals and the beauty of the Isar River, the Bayerischer Hof *was also one of his subjects. Two things led him regularly to the Promenadeplatz: the sauna that he went to almost daily for many years; and Carnival. In fact, in the 50's and 60's, Carnival in Munich was far more than what it is today. The newspapers published detailed, extensive reports and*

blick trübte das keineswegs. Auf einem Ball mit dem Titel „La Femme Fatale" im *Bayerischen Hof* entdeckte Blasius 1951 „eine runderneuerte Endvierzigerin, eine zuckerhutförmige Witwe" und „einen alten Herren in der Maske Ludwigs des Leeren", die Atmosphäre beschrieb er streng wie ein Theaterkritiker als Mischung aus „verwelkten Ahornblättern und versäumten Gelegenheiten". Auf einem Adelsball stach ihm ein Lakai ins Auge „mit einem Gesicht so ausdrucksvoll wie das Knie eines alten Mannes". Das Fest empfand Blasius als so steif, „dass es nicht verwundert hätte, wenn die Weißwürste mit gestärkter Haut serviert worden wären."

Sommers Expertise war immer gefragt, wenn es um das speziell Münchnerische ging. Als die *Abendzeitung* einmal Schriftsteller, Kabarettisten und Wirte fragte, wie sie die aktuelle Faschingssaison beurteilen, antwortete Sommer: „Sehr bedenklich ist, dass fast niemand mehr den Schneid aufbringt, sich lächerlich oder sanft idiotisch anzuziehen. Man sah heuer auf den Kostümfesten die jungen Männer als Cäsaren oder griechische Götter, Adonisse oder Heroen, aber auch die Mädchen wussten nichts anderes, als ihre weiblichen Liegenschaften zur Debatte zu stellen. Der Witz kam überall zu kurz."

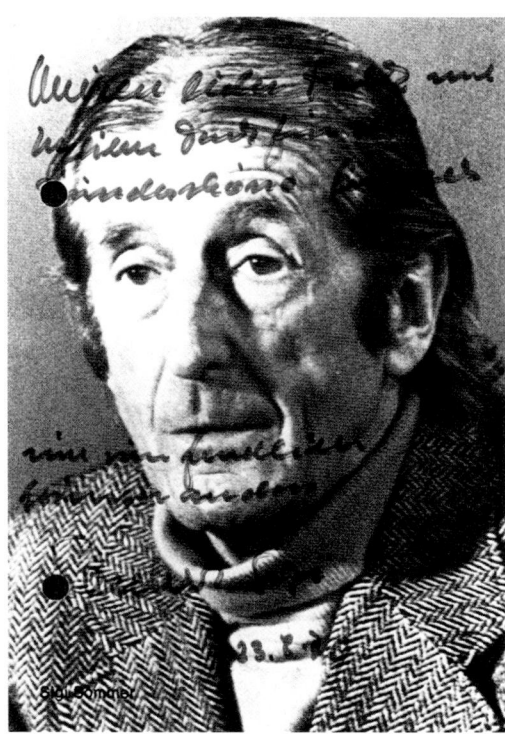

Blasius
Seine Streifzüge durch München führten Sigi Sommer auch an den Promenadeplatz.

Blasius
Sigi Sommer often came by Promenadeplatz on his ramblings through Munich.

Verlobung
Falk Volkhardt mit Hans Jürgen Bäumler und seiner Verlobten Marina

Engagement
Falk Volkhardt with Hans Jürgen Bäumler and his fiancé Marina

the *Bayerischer Hof* was the arena in which the biggest and most glamorous parties were held. Sommer loved the masquerading and exuberance. "It would just take one drop of the essence distilled from a successful Carnival party to rejuvenate an eight-story nursing home," he wrote once.

With the skill of a theater critic, he described the atmosphere of a ball as a mixture of "shriveled maple leaves and missed opportunities." At a high society ball, he perceived the party as being so calcified "that the sausages served surely had a thicker skin." Sommer's expertise was always in demand when something peculiar about Munich was desired. When the *Abendzeitung* once asked for an opinion of that year's Carnival period, Sommer answered, "It's worrying that almost no one is bold enough to dress crazy. This year, the young men were dressed as Caesar or Greek gods, and even the young women couldn't do better than put up their female assets for discussion. The humor just wasn't happening."

Die Tiroler Stube im *Palais Keller*, Kellnerin Heidi Lehermeier

The Tiroler Stube in the Palais Keller, *waitress Heidi Lehermeier*

Johann Baptist OBERMAIER

von Freunden Hannes genannt und berühmt geworden unter dem Pseudonym Hunter, war der erste Klatschkolumnist der Bundesrepublik und lange Zeit der einflussreichste.

Hunter notiert
Manche Geschichte nahm ihren Anfang mit einem Hinweis, den der Reporter in seinem an der Bar montierten Briefkasten fand.

Hunter notes
Some stories started with a note that the reporter found in his post box installed at the Tagesbar.

Dass München in den 60er-Jahren den Ruf der heimlichen Hauptstadt erlangte und in dieser Zeit das Bild von einer unentwegt zum Feiern, zum Vergnügen und zu glanzvollen Auftritten aufgelegten Stadt Gestalt annahm, war auch Resultat von Hunters täglicher Kolumne in der Münchner *Abendzeitung*.

Inspiriert von amerikanischen Klatschreportern wie Hedda Hopper oder Louella Parsons berichtete Obermaier von Januar 1952 an 23 Jahre lang über Restauranteröffnungen, Cocktailpartys, Modenschauen, Starkbierproben und Filmpremieren, über das „Tralala-Leben und Treiben von Playboys, Barbesitzern, Bambi-Gewinnern, Starlets, Konsuln und Adeligen", gefährliche Liebschaften, die Höhe von Filmgagen und die Tiefe von Dekolletés.
Wichtigster Schauplatz von Hunters Jagd nach Geschichten war der *Bayerische Hof,* genau genommen die im heutigen Atrium gelegene alte Tagesbar, an deren Stelle sich heute die Kaminlounge befindet. Die Bar war sein Büro, sobald der Tag zur Neige ging, nahm Hunter Platz. Ein Messingschild wies ganz offiziell daraufhin: „Hunter's (second) office, open daily from 17–19 hrs, one seat permanently reserved, phone calls with Mr. Hunter's permission only". Das Büro samt Telefon am Tresen machte durchaus Sinn, für einen Gesellschaftskolumnisten in München konnte es damals keinen besseren Platz geben. Viele der Bälle, Premieren und Empfänge,

Best known by his pen name Hunter, Obermaier was West Germany's first gossip columnist and its most influential. Hunter's daily columns in the city's Abendzeitung *made Munich Germany's "secret capital" in the 60s – a city always ready for a party, fun and glamour. Inspired by American gossip columnists, he began reporting in 1952 on restaurant openings, cocktail parties, fashion shows, and film premieres. For 23 years, he wrote about Munich's playboys, bar owners, Bambi media prize winners, starlets, consuls and titled personages, as well as dangerous liaisons, the salaries of film stars and how low necklines could really be.*

Hunter's search for stories focused on the Bayerischer Hof, where the Tagesbar was his office. As the darkness fell, he would take his seat. A brass plate officially marks the spot: "Hunter's (second) office, open daily from 17–19 hrs, one seat permanently reserved, phone calls with Mr. Hunter's permission only." The office and phone at the bar made sense: There was no better location for a Munich society columnist. Many of the balls, premieres and receptions featured in his column took place at the Bayerischer Hof. French and American stars who were in Munich usually stayed at the Promenadeplatz hotel. Anyone wanting to give him a story or anonymous tip used the mailbox in the bar set up for that purpose.

Everyone benefited from Hunter's columns. They increased the newspaper's circulation, gave the Bayerischer

die für seine Kolumne „Hunter notiert" von Bedeutung waren, fanden ohnehin im *Bayerischen Hof* statt. Stars aus den USA oder Frankreich, die ein Gastspiel in München gaben, wählten zumeist ebenfalls das Haus am Promenadeplatz. Und wer Obermaier anonym eine Geschichte oder einen Hinweis auf sich anbahnende oder erloschene Liaisons stecken wollte, nutzte den eigens für ihn an der Bar angebrachten Briefkasten.

Von Hunters Kolumne profitierten alle Beteiligten. Die Auflage der *Abendzeitung* stieg und stieg, der *Bayerische Hof* hatte durchwegs gute Presse, die sogenannte Society sah sich in ihrer Bedeutung bestätigt, und wer nicht dazugehörte, hatte das Gefühl, Bescheid zu wissen über die Sitten, Bräuche und Verfehlungen all derer, die sich für wichtig hielten und die Öffentlichkeit suchten.

Was er schrieb, und was er für sich behielt, darauf gründete sich Hunters Erfolg und Einfluss. „Ich weiß hier über jeden Bescheid. Mein Kapital aber ist das Vertrauen." Zeitweise wurde „Hunter notiert" in 40 Zeitungen nachgedruckt. „Ein gedruckter Satz von ihm", schrieb der *Spiegel* mokant, „und das ödeste Nachtlokal bevölkert sich; ein Halbsatz, und eine wohlgestaltete Unbekannte steht am Start zu einer, wenn auch nicht eben steilen Karriere. Und weil er nicht nur alle kannte, sondern auch einen guten Sinn fürs Geschäftliche besaß, wurde Obermaier selbst zum Gastgeber. Im Bayerischen Hof veranstaltete er den Faschingsball „Hunters Treibjagd", „Hunters Modeball" im Oktober und „Hunters Silvesterparty" rings um den Pool.

Als er 1970 zu *Bild* wechselte, folgte ihm bei der *Abendzeitung* Michael Graeter nach, auch er eine Legende des deutschen Klatschjournalismus. Graeter wiederum wurde zum Vorbild für Baby Schimmerlos, den Klatschreporter in Helmut Dietls legendärer Fernsehserie *Kir Royal,* die, und hier schließt sich der Kreis, zum Teil im *Bayerischen Hof* gedreht wurde. So wurde es bislang zumindest kolportiert. Helmut Dietl stellt dies in diesem Buch im Gespräch mit Innegrit Volkhardt richtig. In der ersten Folge von *Kir Royal (Wer reinkommt, ist drin),* ist in einer Szene auch die alte Bar zu sehen. Generaldirektor Heinrich Haffenloher (Mario Adorf) unternimmt am Tresen einen Versuch, Kontakt zu Baby Schimmerlos aufzunehmen. Sein Ziel: eine Erwähnung in dessen Klatschspalte.

Hof good press, "society" revealed in its importance – and everybody else felt they knew all about high society's customs and transgressions.

Knowing what to publish and what to keep to himself was the secret of his success. "I know what's going on with everybody, but confidentiality is my capital." His column was syndicated in 40 newspapers. "One sentence from him," wrote *Der Spiegel* magazine, "and the most desolate nightclub is filled. A few words launch a short-lived career for a voluptuous starlet." Because he not only knew everyone, but also had good business sense, Obermaier became a host. He held balls for Fasching, New Year's Eve and fashion season at the *Bayerischer Hof* around the hotel's swimming pool.

When he switched to *Bild* in 1970, he was replaced by Michael Graeter, also a legend among German gossip columnists. Many think Graeter was the model for Baby Schimmerlos, the gossip columnist in Helmut Dietl's legendary TV series *Kir Royal,* which was partly filmed at the *Bayerischer Hof.* Dietl corrects this notion in speaking with Innegrit Volkhardt.

The old bar appears in the first episode of *Kir Royal,* entitled "whoever enters is in." Industrial tycoon Heinrich Haffenloher (played by Mario Adorf) is at the bar, trying to bribe Baby Schimmerlos. What does he want for his money? To be mentioned in Baby's gossip column.

Hunter charmiert
Hannes Obermaier mit Erika Volkhardt in einem Kleid von Emilio Pucci

Hunter charmed
Hannes Obermaier with Erika Volkhardt in a dress by Emilio Pucci

Falk Volkhardts Mutter Irene Schachinger (2. v. r.) bei einem Faschingsfest im Spiegelsaal

Falk Volkhardt's mother Irene Schachinger (2nd fr. r.) at Carnival festivities in the hall of mirrors

Romy SCHNEIDER

war wie auch Mario Adorf, Bernd Eichinger, Iris Berben, Curd Jürgens und Maximilian Schell häufig zu Gast beim Deutschen Filmball, der seit 1974 im *Bayerischen Hof* stattfindet und Jahr für Jahr auch internationale Stars wie Michael Douglas, Daniel Craig oder Catherine Deneuve lockt. Ein Ball, den niemand so gut kennt wie die Society-Reporterin der *Bunten*, Marie Waldburg.

Ooooh!
Schauspieler Curd Jürgens mit seiner Frau Margie beim Filmball 1977

Ooooh!
Actor Curd Jürgens and his wife Margie at the Film Ball 1977

Der Weltstar, der Millionen von Fans mit seinen Büchern, Auftritten und CDs glücklich machte, war in seinem Element. „Nirgendwo auf der Welt habe ich so eindrucksvolle Köpfe gesehen wie hier", sinnierte Allroundgenie Sir Peter Ustinov und begann zu zeichnen: Den vis-à-vis sitzenden Ministerpräsidenten Franz Josef Strauß, die Faschingsprinzessin, den Bavaria-Boss. Flink flog der Stift über seinen Block, es war eine Freude, ihm zuzusehen. Filmball 1980. Ustinov war als Narrhalla-Preisträger gekommen und gleich dageblieben, weil er „die Stadt an jeder Ecke spannend und inspirierend" fand. Als er mich dann zum Tanz aufforderte und wir zu Boden stürzten („Gottlob ich nicht auf Sie, sondern umgekehrt") schuf er das Wort „Waldburgisnacht" in Anlehnung an Walpurgisnacht und schickte mir fortan jedes Jahr neue lustige Zeichnungen.

Das fing ja gleich gut an bei meinem ersten Filmball im Hotel *Bayerischer Hof*. Voll und heiß war es im Festsaal und der damalige und unvergessene Grandseigneur des Hauses, Falk Volkhardt, ging sichtlich glücklich durch die Reihen der feiernden Gäste. Schon damals hatte der noch junge Constantin-Chef Bernd Eichinger den längsten und prominentesten Tisch, der große Produzent Luggi Waldleitner die hochkarätigste Mischung aus Politik und Film zu Gast und manches bis dato unbekannte Starlet verdankt eisernem Auf-und-ab-Tänzeln zwischen den Wichtig-Tischen die spätere Karriere. Und niemand schaute auf die Uhr, bis um sechs Uhr früh langsam die Lichter ausgingen. Weltstars wie Romy Schneider, Mario Adorf, Goldie Hawn, Klaus Maria Brandauer, Curd Jürgens, Maximilian Schell, Catherine Deneuve und Elke Sommer genossen das eigenwillige Ambiente zwischen internationalem Flair und köstlichem Lokalkolorit, für das vor allem die Faschingsgesellschaft Narrhalla mit ihren bejubelten Einzügen sorgte. „So was gibt es weder in Paris noch in Hollywood", wusste Oscar-Preisträger Arthur Cohn.

Feiern, Film, Flirt. Zum Filmball gehören natürlich auch Liebeskummer und Skandale. Wie erbost Star-Regisseur Helmut Dietl damals, 1998, war, als seine Freundin Veronica Ferres so spät von einer Sendung aus Köln kam und dann zu viel von Gesprächspartner Michael Douglas schwärmte. Zwei Jahre später verriet Dietl auf eben diesem Filmball: „Ich trenne mich von Vroni." Und jeder, der es hörte, hielt es erst mal für eine Filmball-Laune, angeheizt von Schampus, Musik und Temperament. Zwei Monate später wurde es Wirklichkeit.
Filmball 2002. Man sah sich wieder, aber in neuer Formation. Dass Ministerpräsident Edmund Stoiber auf der Tanzfläche jedes Jahr erneut zur Höchstform auflief, war auch Tanzpartnerin Veronica zu verdanken, die Fotografen überschlugen sich beinah. Auch Hannelore Elsner, aus deren Stöckelschuh Exfreund Bernd Eichinger einst Schampus schlürfte, ist stets für Blitzlichtgewitter gut: Als sie beim letzten Filmball den Weg abkürzte und kurzerhand über den Tisch stöckelte, wollte der Jubel kein Ende nehmen. Und ein paar Meter weiter zeigte ein anderer Film-Darling, Christine Neubauer, ihre neue Liebe, den Chilenen José Campos, vor. Wann trommeln, wenn nicht hier.
Filmball – das ist Zur-Schau-Stellen, Flirt und Feiern, aber auch knallharte Arbeit. Denn hier tummeln sich auch normalerweise gar nicht

Romy Schneider like Mario Adorf, Bernd Eichinger, Iris Berben, Curd Jürgens and Maximilian Schell, was a frequent guest at the German Film Ball that has been held at the Bayerischer Hof *since 1974.*
Other notable celebrities have included Michael Douglas, Daniel Craig and Catherine Deneuve. No one knows the ball better than *Bunte's* society reporter Marie Waldburg. The international celebrity who made millions of fans happy with his books, appearances and CDs was in his element at this event. "I've never seen such impressive minds as here," said Sir Peter Ustinov. He had come to the 1980 Film Ball to receive the Narrhalla Award and stayed because he found "the city exciting and inspiring at every turn."

My first Film Ball at the Hotel *Bayerischer Hof* went well. It was hot in the ballroom and the unforgettable owner of the hotel meandered happily through the throngs of guests. Back then producer Bernd Eichinger had the longest and most prominent table, another producer Luggi Waldleitner had the most powerful figures in politics and the film industry at his table, and I'm sure unknown starlets can attribute their careers to well-timed dances with well-connected men. People were oblivious to the time until the lights slowly went out at 6 AM. Celebrities such as Romy Schneider, Mario Adorf, Goldie Hawn, Klaus Maria Brandauer, Curd Jürgens, Maximilian Schell, Catherine Deneuve and Elke Sommer enjoyed the unconventional ambiance and local flavor enhanced by the Carnival company Narrhalla and its much hailed collections. "They don't have anything like this in Paris or Hollywood," said Oscar winner Arthur Cohn.

Parties, movies and flirting are part of the Film Ball as are broken hearts and scandals. Throw in some jealousy, outrage, booze, music, and flaring tempers and the result might be a divorce or a new relationship. At the 2002 Film Ball, same plot, different scenery. A prime minister was in excellent form on the dance floor, thanks to his voluptuous partner. Hannelore Elsner's ex-boyfriend once drank champagne out of her stilettos - but at the last Film Ball she took a shortcut by walking on a table among cheering crowds. Elsewhere, another actress was engaging in an intense public display of affection with her South American beau. The photographers couldn't get enough.
The Film Ball does have its wild party side, but the

Paparazzi!
Klaus Kinski mit seiner Frau Minhoï auf dem Filmball 1979 (ganz l.); Roger Moore 1975 (l.) und Michael Douglas mit blonder Begleitung 1976 (u.)

Paparazzi!
Klaus Kinski with his wife Minhoï at the Film Ball 1979 (far left); Roger Moore 1975 (left); Michael Douglas 1976 with companion (below)

„WELCHER FILMBOSS HAT DEN *größten Star*, WELCHER TISCH DIE BESTE LAUNE?"

Weltstars!
Romy Schneider 1978 mit Daniel Biasini (ganz l.); Sophia Loren (l.)

Celebrities
Romy Schneider 1978 with Daniel Biasini (far left); Sophia Loren (left)

87

Zum Filmball kommen sie alle (v. l. n. r.): Senta Berger mit Michael Verhoeven, Katja Eichinger, Edith Welser-Ude und Münchens langjähriger Oberbürgermeister Christian Ude; Hardy Krüger jr.; Heiner Lauterbach mit Frau Viktoria; Maximilian Schell mit Iva Mihanovic; *Bunte*-Chefredakteurin Patricia Riekel mit Helmut Markwort und Society-Reporterin Marie Waldburg; Schauspielerin Alba Rohrwacher, Vinzenz Kiefer, Regisseurin Doris Dörrie und Filmproduzent Martin Moszcowicz; Mario Adorf; Filmproduzent Stefan Arndt mit Manuela Stehr; Christiane Paul; Ministerpräsident Horst Seehofer mit Karin Seehofer; Katrin Kraus mit Oliver und Iris Berben; Elyas M'Barek und Josefine Preuß; Florian David Fitz mit Thekla Reuten; Sebastian Koch mit Carice van Houten; Sönke Wortmann mit seiner Frau Cecilia Kunz; Bernhard Wicki mit Elisabeth Wicki-Endriss; Regisseur Xaver Schwarzenberger mit Susanne Porsche; Leslie Mandoki mit Tochter Lara und Bayerns ehemaliger Ministerpräsident Edmund Stoiber mit Tochter Constanze

partyfreudige Stars auf Anweisung ihrer Produzenten oder Regisseure, um für einen Film zu werben. Hier ein Foto, dort ein Interview: bares Geld für den demnächst startenden Film.

Filmball ist Börse, Klatsch und Kontaktpflege. Und Image-Sache: Welcher Filmboss hat die meisten Stars, wer den größten Star, wer die beste Laune am Tisch? Der harte Wettbewerb, der später an den Kinokassen ausgefochten wird, beginnt hier schon vor Drehbeginn. Trommeln ist alles. Kann aber auch ins Auge gehen, wie wir seit 2010 wissen. Der damalige Degeto-Chef Hans-Wolfgang Jurgan knutschte so leidenschaftlich mit Damals-noch-Prochnow-Ehefrau Birgit Stein, dass er kurz darauf, allerdings wegen anderer Sachen, seinen Job verlor. Vielleicht war nur die Schadenfreude danach etwas größer.

Der Deutsche Filmball. Oft von Berlinern in die Bundeshauptstadt gewünscht, aber aus gutem Grund in München geblieben. Das ist auch das Verdienst von Steffen Kuchenreuther, Präsident der Spio, der Spitzenorganisation für Filmwirtschaft. Jedes Mal war es eine Freude zu beobachten, wie engagiert und begeistert er den Ball eröffnete und später im Weißwurstkeller die Politspitze bespaßte. Große Wehmut kam auf, als er 2013, einen Tag nach dem Ball, starb.

Was sich verändert hat in den vergangenen dreißig Jahren? Die Tische stehen nicht mehr so eng wie früher, alles ist ein wenig eleganter und überschaubarer geworden. Aber die Musik, die man stets überschreien muss, ist noch genauso laut wie eh und je. Innegrit Volkhardt, Falks erfolgreiche Tochter, hat den wichtigsten Ball des Jahres mit all seinen vielfältigen Menü-Wünschen, Anekdoten, Geschichten, Flirts und Ansprüchen voll im Griff. Das wünschen wir uns auch weiterhin.

other side is hard work, pure and simple. Actors vie for the next role through a few well-placed photos or interviews. Cash money is laid on the table for the next movie. There's also gossip and networking. And strutting and showing off. What director has the most stars lined up, who has the biggest star, who has the biggest blockbuster under their belt? It's tough competition that will later be dueled out at the box offices, and it starts before the cameras begin to roll. That's what the German Film Ball is all about. The people in Berlin wish it would be held in their city, but it has stayed in Munich for a good reason. Partial credit for that goes to Steffen Kuchenreuther, president of the German film industry association. It was always a pleasure to watch him inaugurate the ball with such a positive spirit, and then satirize the political leadership in the basement bar. It was a sad loss when he passed away a day after the 2013 Ball.

What has changed in the last 30 years? The tables aren't as packed together as in the past. It's a little more elegant and a little less chaotic. The music one always had to shout over is as loud as ever. Innegrit Volkhardt, Falk's successful daughter, has a solid handle on the year's most important ball with its diverse menus, anecdotes, stories, and flirty escapades. We wish us all it will stay this way.

Champagner!
Linke Seite: Hannelore Elsner, Bernd Eichinger und Uwe Carstensen Anfang der 90er auf dem Filmball; Harald Juhnke mit Frau (l.); Daniel Craig mit Heike Makatsch (u.)

Champagne!
Left side: Hannelore Elsner, Bernd Eichinger and Uwe Carstensen in the early 1990's at the film festival; Harald Juhnke with wife (left); Daniel Craig with Heike Makatsch (below)

Smile!
Armin Mueller-Stahl (r.); Claudia Schiffer mit Til Schweiger, 1998 (ganz r.)

Smile!
Armin Mueller-Stahl (right); Claudia Schiffer and Til Schweiger, 1998 (far right)

Film ab!
Die *astor@Cinema Lounge* im *Bayerischen Hof*. Auf der Leinwand: Senta Berger als Mona in *Kir Royal*

Action!
The astor@Cinema Lounge in the Bayerischer Hof. *On the big screen: Senta Berger as Mona in* Kir Royal

helmut dietl

hat mit seinen in den 70er- und 80er-Jahren gedrehten Fernsehserien *Münchner Geschichten, Der ganz normale Wahnsinn, Monaco Franze* und *Kir Royal* das Münchner Lebensgefühl geprägt wie kaum ein anderer. Eine Reihe von Szenen aus *Kir Royal* drehte Dietl im *Bayerischen Hof,* darunter den legendären Auftritt von Mario Adorf als Generaldirektor Heinrich Haffenloher, der Klatschreporter Baby Schimmerlos (Franz Xaver Kroetz) ein unmoralisches Angebot unterbreitet. Auch Innegrit Volkhardt ist ein großer Fan von Dietls Filmen und TV-Serien – und traf den großen Regisseur zum Gespräch über Heimweh, die enorme Resonanz seiner Werke, den Filmball und das Talent der Münchner zum Schauspielern.

Helmut Dietl mit Mario Adorf bei den Dreharbeiten zu *Kir Royal*

Helmut Dietl with Mario Adorf at the filming of Kir Royal

Lieber Helmut Dietl, ich kenne natürlich Ihre Filme, und kenne Sie von einigen Begegnungen. Doch bei der Vorbereitung auf unser Gespräch bin ich auf ein paar Dinge gestoßen, die ich noch nicht wusste. Etwa, dass Sie 1979 nach Amerika gegangen sind, um einen Film über das Chateau Marmont, das Hotel am Sunset Boulevard, zu drehen. Was hat Sie damals mehr fasziniert: das Hotelleben oder dieses Hotel?
Mich hat das Hotelleben immer schon fasziniert. Doch zunächst möchte ich von meiner ersten Begegnung mit dem *Bayerischen Hof* erzählen. Ich habe ja vor den Toren der Stadt gewohnt, in Laim, bei meiner Oma, und dann in Gräfelfing. Ziemlich spät, so mit 14, 15 bin ich mit meiner Mutter in die Stadt gekommen, nach Schwabing. Da war ich das erste Mal im *Bayerischen Hof.* Aber nicht drin, das habe ich mich nicht getraut, sondern davor, ich habe ihn nur angeschaut. Das war für mich so was Ähnliches wie Schloss Nymphenburg, grandios. Ich habe mit meiner Mutter in einem alten Möbellagerhaus gehaust und habe in der Schule einen Freund kennengelernt, den jungen Spremberg. Sein Vater war Maître im *Bayerischen Hof…*

… Benno Spremberg…
… Benno Spremberg, genau. Hartmut, sein Sohn, hat gesagt, wir könnten jederzeit das Hotel betreten. Ich antwortete, das glaube ich nicht. Er sagte, doch, weil mein Vater da arbeitet.

Super, das war die erste Berührung mit dem Bayerischen Hof! *Trotzdem, noch mal kurz zurück zum Chateau Marmont. Dort ist wirklich viel passiert …*
… ja, da war schon wirklich viel in Bewegung, es wäre ein interessanter Schauplatz gewesen. In kürzester Zeit war ich mit den beiden Besitzern befreundet. Irgendwann kam Patrick Süskind rüber, und wir haben zusammen ein Drehbuch geschrieben. Aber dann war es leider so: Für die Amerikaner war es nicht kommerziell genug, für die Deutschen war es zu kommerziell. So wurde nichts draus

Schade. Ich habe gelesen, dass Sie in dieser Zeit in Los Angeles das Heimweh überfallen hat und Ihre Liebe zu München wieder erwachte. Warum haben Sie sich denn je von München entliebt?
Ich habe einfach das Gefühl gehabt, ich muss raus aus dieser Stadt. Mit Barbara Valentin, meiner damaligen Frau, hatte ich hier alles kennengelernt, vor allem die sogenannte Society. Irgendwann reichte es mir dann und ich dachte, jetzt probiere ich es einmal in Amerika.

Das klingt so, als sei Ihnen langweilig geworden.
Es schien mir auf einmal alles so provinziell zu sein. War's vielleicht auch, ich musste Abstand kriegen.

Aber die Liebe kehrte zurück.
Die Liebe kehrte bald zurück. Ich habe mein Geld damals mit Werbung verdient. Zu diesem Zweck bin ich öfters von Los Angeles nach München, Rom, London oder Paris geflogen. Ich hatte damals das Gefühl, ich gehöre weder dahin noch dorthin. Dann habe ich wirklich

Haffenloher:
„Ich mach dich nieder, wenn du mich jetzt hier stehen lässt wie einen Deppen, dann mach ich dich nieder. Ich ruinier dich. Ich mach dich fertig. Ich kleb dich zu von oben bis unten."

Schimmerlos:
„Mit dem Kleber?"

Haffenloher:
„Mit meinem Geld. Ich kauf dich einfach. Ich kauf deine Villa, stell noch einen Ferrari davor. Ich scheiß dich so was von zu mit meinem Geld, dass du keine ruhige Minute mehr hast. Ich schick dir jeden Tag Cash in einem Koffer. Das schickst du zurück. Einmal, zweimal, vielleicht ein drittes Mal. Aber ich schick dir jeden Tag mehr. Irgendwann kommt der Punkt, da bist so mürbe und so fertig, und die Versuchung ist so groß und da nimmst es. Und dann hab ich dich, dann gehörst du mir. Dann bist du mein Knecht. Ich bin dir einfach über. Gegen meine Kohle hast du doch keine Chance. Ich will doch nur dein Freund sein - und jetzt sag Heini zu mir."

In his German TV series filmed in the 70s and 80s: Münchner Geschichten, Der ganz normale Wahnsinn, Monaco Franze *and* Kir Royal, *Helmut Dietl did more than probably anyone else to define a specific Munich lifestyle.*

A series of scenes in Kir Royal *were filmed by Dietl in the* Bayerischer Hof. *Innegrit Volkhardt, who is also a big fan of Dietl's films and TV series, had a conversation with the famous director about hotels, homesickness, the tremendous resonance of his works, the Film Ball and the acting ability of the city's residents. What is it that intrigues you about hotels?*

Heimweh nach München gekriegt. Und aus diesem Heimweh heraus habe ich den *Monaco Franze* gemacht.

Kommen wir zum Bayerischen Hof. *Als* Kir Royal *zum ersten Mal im Fernsehen lief, war ich in Hamburg. Als ich immer unser Haus im Fernsehen sah, war ich eine ganz stolze Münchnerin. Ich fand das etwas Besonderes, was unsere Stadt ausmachte. Auch wenn es anderswo belächelt wurde.*
Das war mir immer egal. Waren Sie in dieser Zeit schon hier im Hotel?

Ich war schon im Beruf und habe damals in drei Häusern in Hamburg gearbeitet, im Interconti, Atlantic und den Vier Jahreszeiten.
Wenn ich in Hamburg war, bin ich ins Atlantic gegangen. Wissen Sie warum? Weil mich das am ehesten an den *Bayerischen Hof* erinnert hat.

Der Innenhof ist so schön.
Ja, das hat was, ich habe dort oft gewohnt.

In unserem Hotel ist diese wunderbare Szene entstanden, in der Generaldirektor Heinrich Haffenloher am Pool versucht, Baby Schimmerlos zu kaufen. War es ein Zufall, dass Sie das auch bei uns im Haus gemacht haben?
Das war kein Zufall. Helmut Hemmelrath, ein Lackfabrikant, der mich vage zu der Figur Haffenloher inspiriert hat, saß oft mit dem *Abendzeitung*-Kolumnisten Hannes Obermaier an der Bar. Der Barmann kannte den Obermaier gut, durch ihn habe ich also Hemmelrath kennengelernt.

Die Resonanz auf diese Szene ist bis heute riesig.
Unglaublich, ja.

Als Sie diesen Monolog (siehe S.96) geschrieben haben, war Ihnen da schon klar, dass er so eine Bedeutung bekommen würde?
Das war eine Paradenummer für Mario Adorf. Das wusste ich schon, als ich sie geschrieben habe.

Warum hat gerade dieser Satz einen Nerv getroffen?
Ich weiß es auch nicht.

Bis heute zitieren ihn die Leute.
In diesem Text ist eine tiefe Wahrheit vergraben: Menschen sind käuflich. Ein anderer stammt aus der letzten Folge. „Ein bissl Geld, ein bissl Sex, ein bissl Tragik, ein bissl Traum, Märchen, Monarchie. Hochfinanz, Industrie, ein bissl Perversität. Das wär' eine Mischung." Das ist eigentlich viel stärker. Das hat der Fritz Muliar gespielt.

Welche Rolle spielte der Bayerische Hof *damals in Ihren Augen, als Sie* Kir Royal *drehten?*
Der *Bayerische Hof* war für mich der Inbegriff Münchner Lebens. Das hat auch mit der Lage am Promenadeplatz zu tun, besser geht's nicht.

Hotel life has always fascinated me. My first encounter with the *Bayerischer Hof* came when I was about 14 or 15 years old. My mother and I came to visit Munich. I had a school friend named Spremberg who said we could go there any time because his father was Maître d' at the *Bayerischer Hof*. We were living in an old furniture warehouse at the time, so the hotel looked like the Nymphenburg Palace to me: magnificent.

I understand you also considered making a movie about a famous old hotel in Los Angeles, the Chateau Marmont.
Yes, it would have been an interesting setting. Patrick Süskind and I wrote a screenplay together. But it turned out not to be commercial enough for the Americans and too commercial for the Germans. So the movie was never produced.

What a pity. I read that while you were writing it in Los Angeles you felt homesick. Why were you there? Had you fallen out of love with munich?
I had the feeling that I just had to get away.

It sounds like you were bored.
All of a sudden, everything seemed to be so provincial. Maybe I had to get some distance.

But love came back.
I was working in advertising then, and often had to fly from Los Angeles to Munich, Rome, London or Paris. I felt that I didn't belong anywhere. That's what made me homesick for Munich. And based on that feeling, I made the movie Monaco Franze.

When Kir Royal was shown on TV for the first time, I was working in Hamburg. Whenever I saw our hotel in Kir Royal*, I felt very proud of Munich. The city was really something special, even if people in other parts of Germany liked to make fun of it. You made that wonderful scene in our hotel, where tycoon Heinrich Haffenloher tries to bribe Baby Schimmerlos to get better publicity for himself. Was it a coincidence that you filmed it at our hotel?*
Not at all. Helmut Hemmelrath, a paint manufacturer who partly inspired the Haffenloher character, could often be found at the bar with *Abendzeitung* gossip columnist Hannes Obermaier. The bartender knew Obermaier well, and through him I got to know Hemmelrath.

Ich danke Ihnen. Eine wichtige Rolle damals spielte auch die Abendzeitung. Was im Bayerischen Hof *passierte, stand am nächsten Tag in der AZ. Die AZ hat den Leuten und den Veranstaltungen, die bei uns stattgefunden haben, noch mehr Bedeutung gegeben. Heute liest man häufig in Interviews: Wir trafen uns im* Bayerischen Hof.
Ich habe alle möglichen Leute immer im *Bayerischen Hof* getroffen. Wo sollen wir die Interviews machen? Im *Bayerischen Hof!*

Gibt es einen Tisch, den Sie besonders mögen?
Eigentlich nicht, ich mag das Haus als Ganzes.

Zurück zu Kir Royal. *Es heißt immer, das Vorbild für Baby Schimmerlos sei Michael Graeter gewesen. Ich widerspreche da immer und bin glücklich, das endlich klären zu können. Das war doch der Hannes Obermaier?*
Freilich war das überwiegend der Hannes Obermaier.

Wie kam es dazu, dass immer von Graeter die Rede ist?
Michael Graeter hat das überall erzählt. Ich habe mit ihm manchmal darüber gesprochen, aber er hat sich den bequemen Schuh einfach angezogen. Hannes Obermaier war der Erste, den ich auf diesem Gebiet kennengelernt habe – und zwar durch den Barmann und durch Barbara Valentin. Hemmelrath hat uns oft eingeladen – dorthin, wo es möglichst teuer war. Ich habe mich mit Hannes sehr oft unterhalten. Er war es, der den Ausschlag für die Figur des Schimmerlos gab. Was Graeter heute behauptet, ist seine Sache, er hatte mit der Produktion einen Beratervertrag, der hauptsächlich die Abläufe in einer Boulevardzeitung betraf. Aber keine der Geschichten in diesen sechs Folgen ist von ihm. Die sind alle von mir.

Für mich war das immer klar, nur es stand immer überall anders. Waren Sie auch bei Hunter's Treibjagd dabei?
Weniger, ich scheue Feste. Nur beim Filmball war ich Jahr für Jahr.

Ich erinnere mich gut: Sie immer in einem weißen Smoking.
Im weißen Dinner Jacket, genau. Vroni Ferres war da immer ganz wild darauf, Filmball!

Sie saßen immer bei Bernd Eichinger am Tisch.
Das war nach Patrick Süskind mein engster Freund.

Es kommt mir vor, als sei es gestern gewesen.
Ein wahnsinniger Stress, dieser Filmball. Unentwegt ist ein Journalist gekommen, unentwegt Fotografen, man hat nichts reden können. Erst nach zwölf, wenn man in den *Palais Keller* zum Weißwurstessen runter gegangen ist, wurde es ein bisschen besser.

Inzwischen ist es ein bisschen ruhiger.
Ich war schon lange nicht mehr da.

Aber nächstes Jahr, bitte.

The resonance of this scene is still enormous today. You can even watch it on YouTube!
Amazing, isn't it!

Could you tell when you were writing that monologue that it would become famous?
It became a signature piece for Mario Adorf. I could tell it had that special quality.

People still recite it today.
It contains a profound truth: people can be bought.

What was the role of the Bayerischer Hof *in* Kir Royal?
To me, it was the ultimate expression of Munich social life. The Promenadeplatz location couldn't be better.

Thank you. The Abendzeitung *newspaper also played a big role. Whatever was going on at the* Bayerischer Hof *would be reported in the next day's AZ. Such publicity made the people and events that took place here seem even more important. Today you often read in interviews: We met at the* Bayerischer Hof.
I would have meetings with all kinds of people, always at the *Bayerischer Hof*. Where else would you go?

Is there a table that you are particularly fond of?
Not really, I like the whole place.

Who was your model for Baby Schimmerlos? Surely it was Hannes Obermaier?
Of course it was!

Did you attend any of Hunter's legendary parties?
I'm not fond of that sort of thing. The Film Ball was the only party I attended.

I remember it well: you always wore a white dinner jacket and sat at a table with Bernd Eichinger.
Next to Patrick Süskind, he was my closest friend.

It seems like only yesterday.
But the Film Ball was an enormous stress. With the journalists and photographers hovering, you couldn't have a conversation. It only became fun after midnight, when you'd go down to the *Palais Keller* to eat Weisswurst.

I have read that you were never really interested in the story as much as how people treat each other, when they lie and when they tell the truth.

Ich mag nicht mehr.

Sie müssen – bitte – wiederkommen.
Dann komme ich Ihnen zuliebe.

Mit den Münchner Geschichten, Monaco Franze *und* Kir Royal *beschreiben Sie ein Lebensgefühl, das viele Menschen inspiriert. Gibt es diese Charaktere aus Ihren Filmen heute noch in München?*
Weiß ich nicht. Jedenfalls äußern sie sich heute weder so kantig, noch so charmant. Das hat alles so einen glatten, globalisierten Schliff gekriegt.

Fehlen Ihnen diese kantigen Charaktere?
Sie interessieren mich nicht mehr so sehr. Nach wie vor gibt es in München jede Menge G'spinnerte, aber noch g'spinnerter sind's in Berlin, jedenfalls in Mitte, aber eher auf eine unangenehme Weise. Die Spinnerei hier war nicht unangenehm, die hat was gehabt. Aber da war ich auch jünger. Jetzt habe ich das Gefühl, dass ich alles schon kenne.

Ich habe gelesen, dass es Ihnen eigentlich nie so sehr um die Story ging als um die Art und Weise, wie Menschen sich zueinander verhalten, etwa, wenn sie lügen oder die Wahrheit sagen.
Ich habe kürzlich in zwei Folgen der *Münchner Geschichten* reingeschaut, da konnte man das gut sehen, wie die Menschen ausschauen, wenn sie lügen.

Haben Münchner mehr Talent zum Schauspielern als andere?
Ja, auf jeden Fall.

Warum?
Je weiter es nach Süden geht, umso talentierter sind die Menschen dafür. Das ist wirklich wahr. In Italien kannst du jeden von der Straße nehmen, alles Schauspieler.

Sie meinen, die Münchner sind die besseren Schwindler?
Ja, aber die allerbesten Lügner sind die Wiener.

Wie gelangen Sie zu solchen Erkenntnissen?
Ein Teil meiner Familie kommt aus der Gegend. Mir ist das sehr vertraut.

Und Sie beobachten die Menschen?
Ich habe mein Leben lang nichts anderes getan, als die Leute anzuschauen und zu beobachten. Aber wissen Sie, was die traurige Wahrheit ist? Ich habe immer über mich selbst geschrieben. Das war bei allen Figuren so. Beim Tscharlie in den *Münchner Geschichten*, beim Glanz in *Der ganz normale Wahnsinn*, auch beim *Monaco Franze*, selbst bei *Kir Royal*. Und auch bei *Schtonk* und danach war es immer so. Erst als ich begriffen hatte, dass zum Beispiel bei *Schtonk* sowohl der Fälscher als auch der Journalist Teile von mir selbst sind, lief's beim Schreiben des Drehbuchs.

I recently watched two episodes of *Münchner Geschichten,* and it was very obvious how people look when they lie. Munich characters are unique.

Do you miss those edgy characters?
They don't interest me all that much anymore. Munich still has plenty of nuts, but the ones in Berlin are even nuttier, only in a less pleasant way. The fooling here was not unpleasant, it had something to it. But I was younger then too. Now I have the feeling that I already know it all.

Do people from Munich have more acting talent than other people?
Yes, absolutely.

Why?
The further south you go, the more theatrical people are. Really. In Italy you can use anyone you meet on the street, they're all actors.

What you really mean is that Münchner are better dodgers?
Yes, but the very best liars of all are the Viennese.

What brought you to that conclusion?
I have family from there. I know exactly what I'm talking about.

And you observe people?
I've done nothing else, my whole life long, except observe people. But you know what the sad truth is? I have always written about myself.

Sie wünschen? Keine Filmszene: am Pool des *Bayerischen Hofs,* Mitte der 70er-Jahre

May I help you? *This is not a movie scene at the pool of the* Bayerischer Hof *in the mid 1970's*

Grüße aus Hollywood

Ob Dreharbeiten in Geiselgasteig anstehen, Interviews, PR-Termine, der Filmball oder auch ein ganz privates Tête-à-Tête: Seit Beginn der 50er-Jahre ist der *Bayerische Hof* das Münchner Lieblingshotel zahlloser Filmstars aus aller Welt. Ein Auszug aus der Gästeliste.

Greetings from Hollywood Filming at Geiselgasteig film studio, interviews, important press events, the Film Ball or a private tête-à-tête: In Munich, the *Bayerischer Hof* is the favorite hotel for movie stars from all over the world since the early 1950's. An extract from the guest list.

Daryl Hannah · Daniel Radcliffe · Javier Bardem · Diane Kruger · Maurice Chevalier · Sebastian Koch · Penélope Cruz · Sky du Mont · Samuel L. Jackson · Oliver Hirschbiegel · Sönke Wortmann · David Copperfield · Arnold Schwarzenegger · Harald Schmidt · Dennis Hopper · Jürgen Prochnow

Bernhard Wicki · Charlie und Geraldine Chaplin · Nicolas Cage · Martin Scorsese · Alfred Hitchcock · Woody Allen · Hans Jürgen Bäumler · Hans Moser · Helmut Fischer · Otto Waalkes

Robert De Niro
Grace Kelly
Jennifer Lopez
Thomas Kretschmann
Sharon Stone
Tom Tykwer

Johannes Heesters
Andrea Sawatzki
Christian Quadfl[...]
Ulrich Mühe Si[...]
Richard Gere Wi[...]
Roland Emmeri[...]
Hildegard Kn[...]
Ingrid Bergr[...]
Florian Henckel
Luis Trenker T[...]
Heinrich Breloe[...]
Peter Sellers Kev[...]
Tom Cruise Alain [...]

Outer circle (clockwise from top): Christiane Hörbiger · Oliver Kalkofe · Eberhard Junkersdorf · John Malkovich · Jack Nicholson · Bud Spencer · Katja Flint · Gina Lollobrigida · Marie Luise Marjan · Stefan Arndt

Inner circle (clockwise from top): Daniel Craig · Jay Leno · Gwyneth Paltrow · Katja Riemann · Sarah Jessica Parker · Morgan Freeman · Horst Buchholz

Roberto Rossellini

Cameron Diaz

Roger Moore

n Kracht Zac Efron
ian Berkel Anthony Quinn Ben Affleck
Brigitte Bardot Terence Hill
ed und Roy Russell Crowe Hans Clarin
arkus Moritz Bleibtreu Orlando Bloom
bias Moretti Roberto Benigni Tori Spelling
Linda & Jerry Bruckheimer Marika Rökk
Jan Josef Liefers Michael Haneke
Donnersmarck Wolfgang Rademann
gen Florian Gallenberg Fritz Karl Errol Flynn
heinz Böhm Margot Hielscher Ralf Möller
ner Armin Mueller-Stahl Hugh Jackman
Hape Kerkeling Heinz Hoenig Helmut Berger

siegward GRAF PILATI

hat vier Jahrzehnte lang das Interiordesign des *Bayerischen Hofs* entscheidend geprägt. Falk Volkhardt entdeckte den Innenarchitekten, als er noch für die Vereinigten Werkstätten tätig war und engagierte ihn erstmals 1970, um das damals neu erworbene Palais Montgelas zu gestalten. Mit seinen Arbeiten für den *Bayerischen Hof* kam Pilati international zu großem Ansehen.

Übergang von der fünften
Etage ins Palais Montgelas

*Passage from the fifth floor
into the Palais Montgelas*

Zeitlos
Pilati-Zimmer in Silber- und Champagnertönen

Timeless
Pilati room in silver and champagne colors

Siegward Graf Pilati has put his personal stamp on the interior design at the Bayerischer Hof *for four decades. Falk Volkhardt first hired him in 1970 to design the interior of the newly acquired Palais Montgelas.*

His work for the *Bayerischer Hof* gave Pilati an international reputation. He designed 167 of the 340 rooms and suites, the corridors, Banquet Hall, Atrium and *falk's Bar*. Gregor Baur, also an interior designer, collaborated with Pilati. Baur explains what made Siegward Count Pilati (1940-2012) one of the great interior designers of his time.

"Count Pilati was fantastic at giving rooms a new face. He knew how to design a room, not decorate it. It feels consistent and harmonious and exudes calm. His designs were never loud, never overpowering.
He had a very good sense for color combinations and was guided by the austerity of Art Deco and its timeless elegance. He then added contrast with small, playful details. A Pilati room always has something unexpected, like built-in details.
As an interior designer, I find the different rooms and styles in the *Bayerischer Hof* very exciting. It's interesting how they are perceived differently by Americans, Asians, Arabs and Russians. Europeans prefer the current Pilati rooms. Americans and Asians love the Laura Ashley rooms. And the classic suites are booked by younger Americans and Europeans. In all Pilati rooms at the *Bayerischer Hof,* you sense a certain opulence, a contemporary glamour.
Light was always important to Count Pilati. Good light can improve a bad room, while bad light can ruin a good one. Pilati understood that very well.

Curtains are also very important in a hotel room, both for privacy as well as a feeling of intimacy. Pilati had an excellent eye for picking the right material and then using it in an extremely sophisticated way. He was magnificent at that. He liked to use delicate,

167 der 340 Zimmer und Suiten basieren auf seinen Entwürfen, zudem gehen die Gestaltung der Flure, des Festsaals, des Atriums und der *falk's Bar* auf ihn zurück. Gregor Baur, ebenfalls Innenarchitekt, hat viele Jahre mit Pilati zusammengearbeitet und dazu beigetragen, dessen Entwürfe im *Bayerischen Hof* zu realisieren. Hier erzählt er, was Siegward Graf Pilati (1940-2012) zu einem der großen Innenarchitekten seiner Zeit machte.

„Grandios war Graf Pilati darin, Räumen ein neues Gesicht zu geben. Er wusste genau, wie er einen Raum in den vorgegebenen Grenzen gestalten kann, ohne ihn zu dekorieren. Einen Pilati-Raum erkennt man daran, dass er in sich stimmig und harmonisch ist und Ruhe ausstrahlt. Er wollte nie laut sein in seinen Entwürfen, suchte nie den großen Knall im Sinne einer Provokation. Nie laut und nie aufdringlich. Er besaß ein sehr gutes Gespür für die Kombination von Farben, orientierte sich gern an der Strenge

des Art déco, das er als zeitlose Eleganz betrachtet hat, und setzte dagegen kleine verspielte Details. Wer zwei oder drei Nächte in einem Pilati-Zimmer verbringt, wird etwa entdecken, dass man an den Schränken seitlich einen Aufhänger herausziehen kann, an dem man einen Kleiderbügel einhängen kann, zum Beispiel um die Abendgarderobe zu richten oder aushängen zu lassen. Solche Details hat er immer gern eingebaut.

Die vielen unterschiedlichen Zimmer und Stile im *Bayerischen Hof* finde ich aus Sicht eines Innenarchitekten sehr spannend. Interessanterweise werden sie von Amerikanern, Asiaten, Arabern und Russen sehr unterschiedlich wahrgenommen. Die aktuellen Pilati-Zimmer etwa werden sehr von Europäern geschätzt. Amerikaner und Asiaten lieben die Laura Ashley-Zimmer. Die klassischen Suiten buchen wiederum jüngere Amerikaner und Europäer. In allen Pilati-Zimmern im *Bayerischen Hof* ist eine gewisse Opulenz zu spüren, eine zeitgemäße, glamouröse Opulenz, die weder staubig noch schwer wirkt.

Licht war Graf Pilati immer wichtig. Gutes Licht kann einen schlechten Raum absolut aufwerten, schlechtes Licht einen guten Raum dagegen kaputt machen. Pilati hatte das früh verstanden.

Auch Vorhänge sind in einem Hotelzimmer von großer Bedeutung, zum einen als Blickschutz, zum anderen für das Gefühl der Intimität. Der Graf hatte dabei eine sehr gute Hand, die richtigen Stoffe zu wählen und sie so zu veredeln, dass sie einen extrem hochwertigen Charakter erhielten. Darin war er grandios. Er hat oftmals delikate, extravagante und ausgefallene Stoffe verwendet, auch wenn er das Housekeeping damit häufig vor Probleme stellte. Wichtig war ihm auch, Technik so zu integrieren und zu verstecken, dass sie nicht augenfällig wurde. Es störte ihn, wenn irgendwo Steckdosen, unnötige Lichtschalter oder Lüftungsauslässe zu sehen waren. Er legte sehr viel Wert darauf, dass Ästhetik nicht von Funktionalität verschlungen wird.

Ein Teil seines Erfolgs beruht darauf, dass er Handwerker zu Höchstleistungen geführt und ihnen neue Wege aufgezeigt hat. Unter ihm konnten sie ihre Fähigkeiten voll ausleben. Wir bekommen heute noch viele Anfragen von Leuten, die sich schwer tun, Firmen zu finden, die das Gleiche herstellen können, wie die von Graf Pilati instruierten Handwerker."

extravagant and unusual materials, even if that often caused problems for housekeeping.

Integrating and even hiding technology was also important to him. Visible wall plugs, superfluous light switches or ventilation shafts bothered him. He felt strongly that functionality must not trump aesthetics.

Pilati motivated craftsmen to do great things and revealed new methods to them so they could fully exploit their skills. We still get inquiries from people searching for companies with craftsmen who can do things the "Pilati way."

Opulent
Graf Pilati im Bad von Zimmer 428, im Jahr 2001; Juniorsuite im Pilati-Stil

Opulence
Pilati in the bathroom of room 428 in 2001. Junior Suite in Pilati style

Zimmer 688 (l.) und Panoramasuite 725
Room 688 (l.) and Panorama Suite 725

Rot-Gelb-Blau
Die Fassade des *Hotels Zur Tenne* in der Altstadt von Kitzbühel ist in diesen Farben gehalten.

Red Yellow Blue
The facade of the Hotel Zur Tenne *in the old town of Kitzbühel is kept in these colors.*

FRANZ BECKENBAUER

kann man, sofern er nicht auf Reisen ist, häufig in Kitzbühel antreffen, wenn auch nicht mehr ganz so häufig wie zu den Zeiten, als er am Fuße des Gebirgsmassivs Wilder Kaiser seinen Hauptwohnsitz hatte.

Kaisers Karpfenessen
Chef de Cuisine Jürgen Bartl, Franz und Heidi Beckenbauer, *Zur-Tenne-*Hoteldirektor Johannes Mitterer

Emperor's Carp Dinner
Chef de Cuisine Jürgen Bartl, Franz and Heidi Beckenbauer, Zur Tenne *Hotel Director Johannes Mitterer*

Geradezu zwangsläufig ergab sich daraus auch ein enges Verhältnis zum *Hotel Zur Tenne,* der Tiroler Filiale des *Bayerischen Hofs.* Falk Volkhardt erwarb das mitten in der Stadt gelegene Hotel 1969. Herzstück des Hauses ist die Tenne. Dort befindet sich die Bar, deren Strahl- und Anziehungskraft insbesondere während der Skisaison bis nach München reicht.

1995 wurde das Haus renoviert und von Siegward Graf Pilati neu gestaltet. Franz Beckenbauer schätzt die *Tenne* aus einem Grund ganz besonders: „Ich kann gar nicht sagen, wann ich das erste Mal im *Hotel Zur Tenne* war. Es muss eine Ewigkeit her sein. Mit der Zeit ist das gemütliche Hotel im Herzen von Kitzbühel beinahe wie ein zweites Zuhause für mich geworden: Man kommt herein, wird aufs Herzlichste empfangen und fühlt sich gleich pudelwohl. Für mich ist die *Tenne* auch deshalb etwas Besonderes, weil ich dort am Dreikönigstag gute Freunde zum Karpfenessen einlade – und das nun schon seit fast dreißig Jahren. Es gibt da so einen Aberglauben:

When not travelling, he can still be seen in Kitzbühel. Less so now, since he no longer has his primary residence at the foot of the Wilder Kaiser mountain range. This resulted in a close relationship with the Hotel Zur Tenne, the Tyrolean offshoot of the Bayerischer Hof. Falk Volkhardt acquired the hotel in 1969. The heart of the building is the threshing floor ("Tenne" in German), which is where the bar is located, whose gravitational pull extends all the way to Munich, especially during ski season. The building was renovated in 1995 and redesigned by Siegward Graf Pilati. Beckenbauer is fond of the Tenne for a special reason. "I can't really remember when I was at the Hotel Zur Tenne for the first time, but the cozy hotel in the heart of Kitzbühel has become my home away from home. For the last 30 years, this is where I bring good friends to eat carp on Epiphany, January 6. They say that if you pull a scale off of a carp, wrap it in tin foil, and put it in your wallet, you'll stay prosperous. The carp meal is a good way to start the New Year, and there's nothing better than being at the Tenne with good friends."

Alpenriese
Gästebucheintrag von Bergsteigerlegende Luis Trenker und seinem Sohn Florian. Unten: Adrian Hoven mit Freunden; Falk Volkhardt mit Margit Gräfin Pilati und Siegward Graf Pilati

"Wenn man von einem Karpfen eine Schuppe ablöst, sie in Silberpapier wickelt und dann im Portemonnaie aufbewahrt, dann soll einem das Geld nicht ausgehen. Das Karpfenessen ist einfach eine nette Tradition und ein schöner Start ins neue Jahr: Man sitzt in geselliger Runde mit Menschen zusammen, die man mag und die einem nahestehen, und die *Tenne* mit ihrem wunderschönen Ambiente ist der perfekte Ort dafür. Ganz abgesehen davon, dass wir zu Hause unmöglich siebzig Gäste bewirten könnten. Und warum sollten wir auch, wo es doch nirgends schöner sein könnte als in der *Tenne*."

Alpine Great
Guest book entry by alpine legend Luis Trenker and his son Florian; below: Adrian Hoven with friends; Falk Volkhardt with Margit Gräfin Pilati und Siegward Graf Pilati

Gipfeltreffen
in der *Tenne:* Arndt von Bohlen und Halbach mit seiner Frau Hetty von Auersperg (r.); Josephine Baker mit Ober Ludwig (ganz r.)

Summit
in the Tenne: Arndt von Bohlen and Halbach with his wife Hetty von Auersperg; Josephine Baker with waiter Ludwig.

AUS DEM GÄSTEBUCH
From the guestbook

Karl Lagerfeld

Wolfgang Joop

Felix Baumgartner

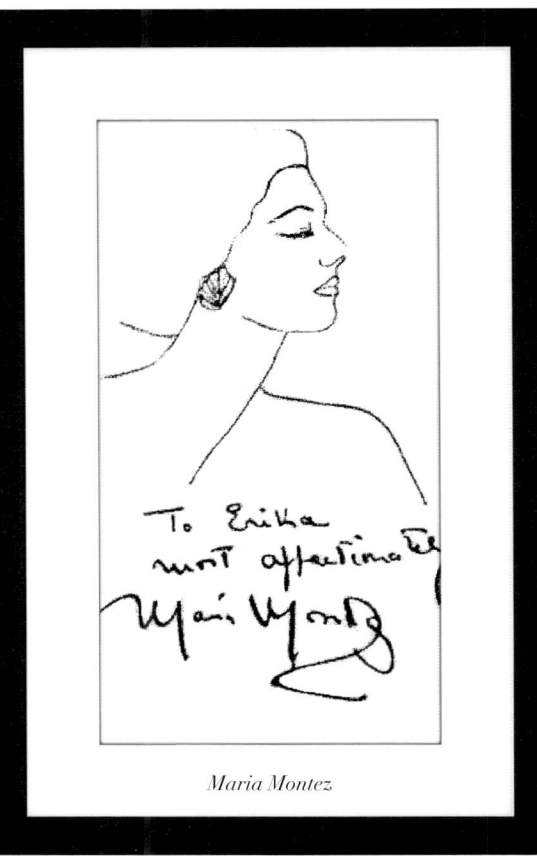

Maria Montez

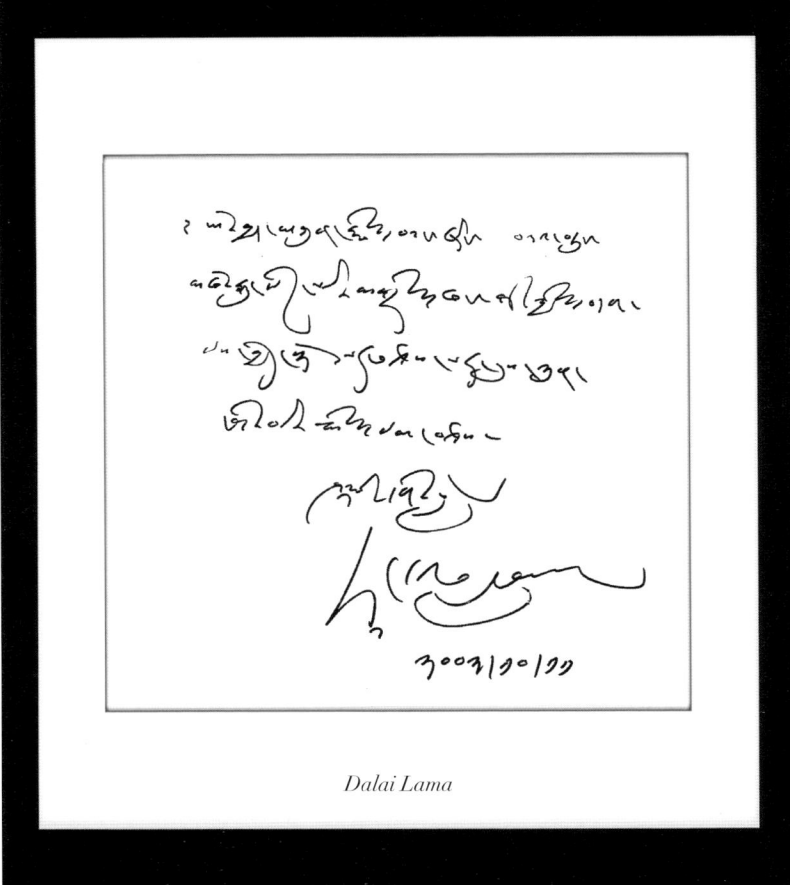

Dalai Lama

helmut lang

war unter all den großen Modedesignern, die Erika Volkhardt im Laufe der Jahre nach München lockte und überzeugte, im *Bayerischen Hof* eine Boutique zu eröffnen, ihr absoluter Liebling.

Mit Erwerb des Palais Montgelas 1969 verfügte der *Bayerische Hof* auf einen Schlag über mehrere Ladengeschäfte am Promenadeplatz und in der Kardinal-Faulhaber-Straße. Italienische und französische Couture war in München damals zwischen Maximilians-, Theatiner- und Briennerstraße zwar vereinzelt zu finden, doch dass jedes bedeutende Label einen Flagshipstore unterhält, das war zu Beginn der 70er-Jahre noch die Ausnahme.

Erika Volkhardt kam die Idee für ihre erste Boutique während einer Dior-Modenschau im Festsaal des *Bayerischen Hofs*. München galt damals in Deutschland als wichtigste Modestadt, die Münchner Modewoche lockte Modeleute aus ganz Europa nach München und an den Promenadeplatz. „Ich sprach Monsieur Dubéry an, er war sofort interessiert. Aber, sagte er, wir machen es nicht selbst." Es war der Beginn eines neuen Kapitels in der Geschichte des Hauses. Nach Grafen, Ministern und Staatsdienern zogen nun die Designer ins Palais Montgelas – unter Leitung von Erika Volkhardt. Sie fuhr auf Messen, traf Designer und kaufte Kollektionen ein. Wenig später eröffnete Rudolph Moshammer sein erstes Geschäft, Carnaval de Venise. 1982 folgte Emilio Pucci. „Marchese Pucci kümmerte sich um alles selbst. Er entwarf sogar einmal die Dekoration für einen Faschingsball im Haus. Mit ihm habe ich mich auf Anhieb verstanden, ein absoluter Gentleman." Wenig später folgten Shops von Calvin Klein und Giorgio Armani. „Das ganze Haus war voll mit Boutiquen. Und das Beste daran: Alle diese Marken gab es so gut wie nur bei uns", so Erika Volkhardt. Nach Puccis Tod 1992 lernte Volkhardt auf einer Messe Helmut Lang kennen. Lang hatte sich zu dieser Zeit gerade mit seinen zeitlosen puristischen Entwürfen international einen Namen gemacht. „Lang", sagt Volkhardt im Rückblick, „hatte Ideen, die kein anderer hatte. Alles, was er entwarf, hatte Hand und Fuß. Er hatte einen todsicheren Geschmack." Vom ersten Tag an lief der Laden sehr gut. Münchens Männer rissen sich um eng geschnittene Anzüge und Pullover wie um rare Trophäen. Als Lang seine Marke 2005 verkaufte und sich der Bildhauerei zuwandte, gab Erika Volkhardt den Laden im Palais Montgelas auf. Inzwischen gibt es Boutiquen nahezu aller großen Marken an vielen Plätzen in München. Für viele Gäste ist München deshalb nach wie vor eine Stadt der Mode. Was viele nicht wissen: Seinen Anfang nahm diese Geschichte auch im *Bayerischen Hof*.

"He was my absolute favorite" says Erika Volkhardt of all the fashion designers that she talked into opening a boutique at the Bayerischer Hof.

When the Palais Montgelas was acquired in 1969, the hotel suddenly had a number of commercial spaces. Italian and French couture was already available in a few elegant shops in Munich, but back then it was unusual for top labels to have their own flagship stores.

Erika Volkhardt got the idea for her first boutique at a Dior fashion show at the *Bayerischer Hof*. Munich was then considered the most important fashion city in Germany, and the fashion world converged on Munich during fashion week from all over Europe. "I mentioned it to Monsieur Dubéry and he jumped at the idea." This started a new chapter in the hotel's history. Designers now moved into the Palais Montgelas. She went to trade fairs, met designers and bought collections. Shortly thereafter, Rudolph Moshammer opened his first store, Carnaval de Venise. In 1982 Emilio Pucci came. "He was a perfect gentleman." Not long after came the Calvin Klein and Giorgio Armani shops. "The place was filled with boutiques, and you couldn't find most of these labels anywhere else," notes Erika Volkhardt.
After Pucci's death in 1992, she met Helmut Lang at a fashion event. Lang was just acquiring an international reputation for his timeless purist designs. "Lang," says Volkhardt, "had unique ideas. Everything he designed worked. His taste was perfect." Munich's men fought for his fitted suits and pullovers. When Lang sold his label in 2005, they closed the shop in the Palais Montgelas. Now virtually every big label has a shop in Munich. What many guests don't realize: It all started at the *Bayerischer Hof*.

Laufsteg
Modenschau Mitte der 60er-Jahre im Festsaal. Links: Helmut Lang mit Erika Volkhardt und Cordula Reyer

Catwalk
Fashion show during the 1960's in the banquet hall. Left: Helmut Lang with Erika Volkhardt and Cordula Reyer

Nina Ricci

Kenzo Takada

Wolfgang Joop

Karl Lagerfeld

Paco Rabanne

Vivienne Westwood

Helena Rubinstein

Werner Baldessarini

Jean Paul Gaultier

Christian Dior

Andreas Kronthaler

Emilio Pucci

Jacques Fath

175 JAHRE BAY

Sechzehn Gäste und zwei Gastgeber / Sixteen guests and two hosts (v.l.n.r., from left to right): Bernd Eichinger, König Ludwig I., Bing Crosby, Elvis Presley, Maximilian Graf von Montgelas, Sigmund Freu

1839

König Ludwig I. äußert gegenüber Joseph Anton von Maffei den Wunsch nach einem erstklassigen Hotel. Maffei beauftragt damit Friedrich von Gärtner, den Lieblingsarchitekten des Königs.

At the behest of King Ludwig I Joseph Anton von Maffei commissions Friedrich von Gärtner, the king's favorite architect, to build a hotel.

1841

Der *Bayerische Hof* eröffnet am 15. Oktober. Maffei bleibt bis zu seinem Tod der Pächter des Hauses.

The Bayerischer Hof *opens on October 15. Maffei stays on as tenant until his death.*

1897

Herrmann Volkhardt kauft das Hotel *Bayerischer Hof* für 2.850.000 Goldmark, dazu weitere Immobilien, und erweitert es.

Hermann Volkhardt purchases the Hotel Bayerischer Hof for no less than 2,850,000 goldmarks and has it modernised.

1909

Herrmann Volkhardt stirbt am Weihnachtsabend. Sein Sohn Hermann übernimmt das Haus und führt es durch Kriege und Krisen.

After the untimely death of Herrmann Volkhardt his son Hermann, of the second Volkhardt generation, takes over at the helm of the hotel.

1944

Bomben zerstören das Haus in der Nacht zum 25.4. nahezu komplett, nur der Spiegelsaal bleibt erhalten.

Bombs completely destroy the hotel in the night of April 25, except for the Hall of Mirrors.

1945

Falk Volkhardt kehrt aus dem Krieg zurück und unterstützt seinen Vater beim Wiederaufbau. Im Oktober eröffnet er im Spiegelsaal Münchens erstes Speiserestaurant nach dem Krieg.

Falk Volkhardt returns from the war and supports his father during the rebuilding. In October, Munich's first à la carte restaurant opens in the Hall of Mirrors.

Show TIME

Auch Schriftstellern, Diven und großen Musikern bietet der *Bayerische Hof* die perfekte Kulisse für unvergessliche Auftritte.

V. l. n. r. Marianne Sägebrecht mit den Jazzmusikern Stanley Clark, Wayne Shorter und Herbie Hancock; Margot Hielscher; Falk Volkhardt und Joachim Fuchsberger; Karlheinz Böhm mit Freunden; Erika Volkhardt mit Heinz Rühmann und Gattin; Ingrid Bergman und Roberto Rossellini; Zarah Leander; Bruce Springsteen; Prinzessin Soraya; Liza Minnelli; Nelson und Happy Rockefeller; Horst Buchholz; Maria Schell in Begleitung; Anthony Quinn; Paul McCartney, Ringo Starr, George Harrison und John Lennon schauen aus dem Fenster; Marika Rökk; Kirk Douglas (l.) und Peter Frankenfeld (M.); Jean Simmons

The Bayerischer Hof serves as a perfect backdrop for unforgettable appearances for authors, actors and great musicians.

1955

Hermann Volkhardt stirbt. Sein Sohn Falk übernimmt das Haus am Promenadeplatz in der dritten Generation.

Hermann Volkhardt dies. His son Falk takes over the House at the Promenadeplatz as third generation.

1969

Das Hotel *Bayerischer Hof* wird um das Palais Montgelas erweitert, im selben Jahr erwirbt Falk Volkhardt auch das Hotel *Zur Tenne* in Kitzbühel.

The Hotel Bayerischer Hof *gains the Palais Montgelas as its handsome annexe, in the same year Falk Volkhardt purchases the Hotel* Zur Tenne *in Kitzbühel.*

1972

Die Renovierung des Palais Montgelas wird zur Eröffnung der Olympischen Spiele abgeschlossen und feierlich eröffnet.

The refurbishment of the Palais Montgelas is completed and it is opened with much pomp and circumstance just in time for the start of the Olympic Games.

1974

Das Hotel wird Mitglied von „The Leading Hotels of the World" und, als erstes deutsches Haus, von „Preferred Hotels and Resorts Worldwide".

The hotel becomes a member of „The Leading Hotels of the World" and is the first of its class in Germany to be named as one of the „Preferred Hotels and Reorts Worldwide".

1992–2014

Innegrit Volkhardt übernimmt die Leitung des *Bayerischen Hofs* in der vierten Generation und entwirft einen Modernisierungsplan. Seither wird am Promenadeplatz kontinuierlich umgebaut und renoviert, das Gesamtvolumen der Investitionen beträgt inzwischen 140 Millionen Euro. Auch das Hotel *Zur Tenne* in Kitzbühel und die Weinhandlung in Pasing werden modernisert. 2005 wird das Haus um eine Etage aufgestockt, Andrée Putman realisiert das *Blue Spa*. Pläne für innovative Weiterentwicklungen liegen bereit.

Innegrit Volkhardt takes over management of the Bayerischer Hof *hotel as the fourth generation in charge and drafts a modernization plan. Since then, the hotel at Promenadeplatz is in continuous renovation, the total amount of investments is € 140 million. The Hotel Zur Tenne in Kitzbühel and the wine shop in Pasing were brought up to date as well. In 2005, another story was added. Andrée Putman designed the Blue Spa. There are many more plans for innovative developements.*

ERISCHER HOF

ria Callas, Angela Merkel, Sophia Loren, Falk Volkhardt, Andrée Putman, Innegrit Volkhardt, Dalai Lama, Mick Jagger, Muhammad Ali, Kaiserin Elisabeth, Jeff Koons, Michael Jackson

Der Größte
Muhammad Ali war 1976 das erste Mal zu Gast im *Bayerischen Hof*.

The Greatest
Muhammad Ali stayed at the Bayerischer Hof *for the first time in 1976.*

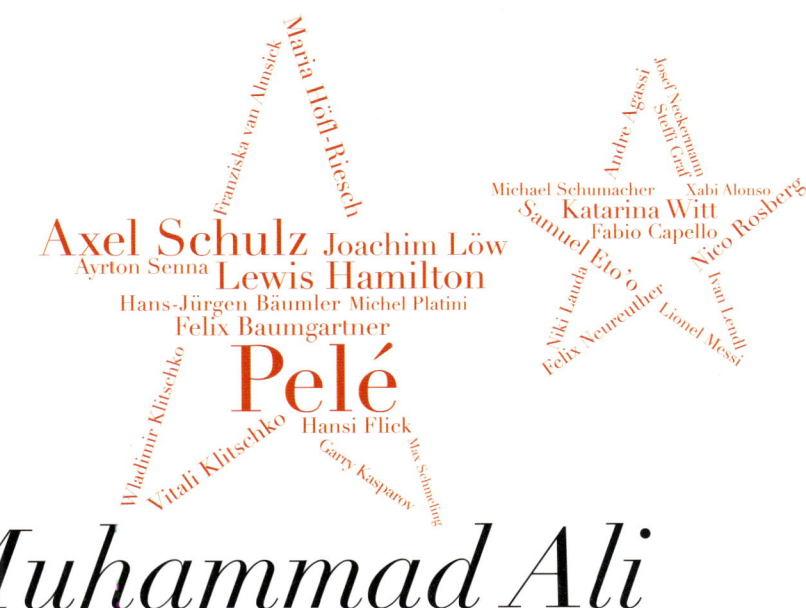

Muhammad Ali

trug einen seiner Weltmeisterschaftskämpfe in München aus.
Am 24. Mai 1976 verteidigte er in der Münchner Olympiahalle seinen Titel gegen den Briten Richard Dunn durch technischen K.o. in der fünften Runde.

Ali war damals auf dem Gipfel seines Ruhms. Sein legendäres Comeback gegen George Foreman, der Rumble in The Jungle in Kinshasa, lag da gerade eineinhalb Jahre zurück, der ebenso spektakuläre Kampf gegen Joe Frazier in Manila erst acht Monate. Ali wohnte in den vierzehn Tagen vor dem Kampf im *Bayerischen Hof*. Er war damals so populär, dass sogar jedes seiner öffentlichen Trainings im Circus Krone ausverkauft war – selbst wenn er nur zum Seilspringen gekommen war.

Jahrzehnte später, 2007, bereitete sich auch Henry Maske im *Bayerischen Hof* auf einen Kampf vor, er schlug im Clubraum sogar sein Trainingscamp auf, um sich in Form zu bringen für die späte Revanche gegen Virgil Hill. Gut zehn Jahre zuvor hatte der Amerikaner Maske, ebenfalls in München, im letzten Kampf seiner Karriere geschlagen und ihm den Weltmeistertitel im Halbschwergewicht abgenommen. Auch damals wohnte Maske im *Bayerischen Hof*. 2007 aber gewann Maske, damals bereits 43 Jahre alt, durch einen Punktsieg nach 12 Runden. Auch Fußballspieler und Funktionäre nehmen regelmäßig Quartier im *Bayerischen Hof*. Die Spitze der FIFA war 2006 während der Fußball-WM in Deutschland zu Gast, die Evaluierungskommission für Olympia 2018 sowie IOC-Chef Thomas Bach. Große europäische Fußballteams wie Real Madrid, FC Barcelona oder Chelsea London steigen am Promenadeplatz ab, wenn sie in der Champions League gegen den FC Bayern antreten müssen.

Der Champ
Henry Maske boxte mehrmals in München. Im *Bayerischen Hof* bereitete er sich sich auf seinen letzten Kampf vor.

The Champ
Henry Maske *fought in Munich several times and prepared for his last boxing match at the* Bayerischer Hof.

Wahlkampf
Sitzung der Evaluierungskommission vor dem Entscheid für Olympia 2018

Elections
Meeting of the IOC before the decision for the 2018 Olympics

Muhammad Ali defended his title on May 24, 1976 against Richard Dunn at Munich's Olympic Stadium, winning by a TKO in the fifth round.

At the time, Ali was at the zenith of his career. His legendary comeback against George Foreman, the "rumble in the jungle" in Kinshasa, had taken place 18 months prior; and the equally spectacular fight against Joe Frazier was just eight months beforehand. Two weeks prior to his fight in Munich, Ali stayed at the *Bayerischer Hof*. At the time, he was so popular that every public training session at the Circus Krone building was sold out – even if he had only been there to practice jumping rope.

Decades later in 2007, Henry Maske prepared himself in the *Bayerischer Hof* for a fight. He even set up a training facility in the club room for a comeback match against Virgil Hill, who had taken his light-heavyweight crown ten years before. This time Maske won the bout by points after 12 rounds. He was already 43 years old at the time.

The *Bayerischer Hof* accommodates soccer players and officials regularly. Senior FIFA executives stayed there for the 2006 World Cup in Germany, as did the Olympic Evaluation Committee for the 2018 Olympics as well as IOC President Thomas Bach. Major European soccer teams like Real Madrid, FC Barcelona and Chelsea London book rooms there when they play in the Champions League against FC Bayern.

Heiner Lauterbach

wurde mit Kino- und Fernsehfilmen wie *Männer, Rossini, Das Superweib* und *Der Schattenmann* zu einem der populärsten deutschen Filmschauspieler. In der *Komödie*, dem Theater im *Bayerischen Hof*, ist er immer wieder auch als Theaterschauspieler zu sehen, zuletzt in den Komödien *Ein seltsames Paar* oder *Doppelzimmer*. Den *Bayerischen Hof* schätzt Lauterbach aus einer ganzen Reihe von Gründen.

„Seit 1998 wohne ich am Starnberger See, bin aber mindestens einmal pro Woche in München. Meine primäre Anlaufstation in der Stadt ist der *Bayerische Hof*. Ob Pressekonferenzen, Einzelinterviews, Fototermine, Kostüm- und Maskenproben oder auch private Verabredungen – alles verlege ich, soweit ich kann, in den *Bayerischen Hof*.
Ich liebe dieses Hotel. Ich mag überhaupt Hotels. Wenn es richtige Hotels sind. Wenn sie so sind, wie der *Bayerische Hof*. Aber da können in meinen Augen nur ganz wenige auf der Welt mithalten. In allen Belangen eigentlich gar keines. Ich kenne zumindest keines. Kennen Sie vielleicht ein zweites, das alle folgenden Kriterien erfüllt?

Die perfekte Lage. Mitten in der City und doch an einem idyllischen Platz. Zwischen dem Verkehrsknotenpunkt der Stadt schlechthin, dem Stachus und der Fußgängerzone. Für Frauen wichtig: um die Ecke von Gucci, Prada, Versace, Tiffany – und wie sie alle heißen.

Die Größe. Der *Bayerische Hof* ist riesig und doch gemütlich. Er bildet mit allem, was dazugehört, einen Mikrokosmos. Neben Hunderten von Zimmern verfügt er über viele Geschäfte, etliche Bars, Restaurants, den *Night Club*, ein Kino und sogar ein wunderschönes Theater, in dem ich wahnsinnig gern gastiere. Der Wellnessbereich. Riesiges Schwimmbad, klasse Gym und Dachterrasse: einfach perfekt.

Der Service. Die Mitarbeiter von Innegrit Volkhardt sind besessen. Wie ihre Chefin. Und zwar von der Idee, den Kunden, ihren Gast, über alles zu stellen. Ich warte nach all den Jahren und Tausenden von Besuchen in diesem Haus immer noch auf den Satz: „Das geht leider nicht."

Die Atmosphäre. Sie ist einzigartig und das größte Plus in meinen Augen. Hier tobt das Leben, wie sich das für ein anständiges Hotel gehört. Manchmal sitze ich in der großen Lobby und warte auf jemanden. Dann beobachte ich die vielen Menschen, die da ein- und ausgehen, und bin glücklich. Man hat das Gefühl, hier brodelt die Stadt und zeigt all ihre angenehmen Seiten, die sie zu bieten hat.
Ich könnte noch vieles aufzählen, will es aber hier gut sein lassen. Ich komme immer ins Schwärmen, wenn ich von meinem Lieblingshotel rede. Und das Allerschönste ist: Die Chefin ist meine Freundin. Was allerdings das vorher Gesagte mit keiner Silbe beeinflusst. Aber schön ist es trotzdem. Tja, Glück muss man haben."

Heiner Lauterbach is one of Germany's most popular film and TV actors, who appeared in films like Men, Rossini, Das Superweib *and* Stalingrad. *He appeared on stage frequently at the* Komödie, *the theater located in the* Bayerischer Hof. *Most recently he acted in comedies like* Ein seltsames Paar (The Odd Couple) *or* Doppelzimmer. *Lauterbach likes the* Bayerischer Hof *for a number of reasons:*

"I've lived near Starnberger See since 1998, but I'm in Munich at least once a week. My first stop is the Bayerischer Hof. Whether for press conferences, interviews, photo shoots, rehearsals or even personal business – I try to book everything at the Bayerischer Hof. I love this hotel. I like hotels in general – if they are like the Bayerischer Hof. Unfortunately, only a few in the world come close – and none that I know of equals it in every respect. A perfect location in the city center with an idyllic setting, between the Stachus and pedestrian zone. Something important for women, too - it's just around the corner from Gucci, Prada, Versace, Tiffany, etc.

Its size. The Bayerischer Hof is gigantic and yet comfortable. Besides hundreds of rooms, it has boutiques, plenty of bars, restaurants, the night club, a cinema and even a glorious theater where I love to perform. It forms a microcosm.

The wellness spa. Enormous swimming pool, super gym and roof terrace: What more could you want?
The service. Innegrit Volkhardt's employees, like their boss, are obsessed with the conviction that guests are what count most. I've never heard someone say, "Sorry, we can't do that."

The atmosphere is unique – the best bonus of all. It's bustling, the way a real hotel should be. Sometimes I sit in the main lobby, watching people come and go, and I'm happy. The city feels vibrant and beautiful. I could highlight much more, but that's enough. The best thing: The boss is my friend – which has not influenced what I just said in the slightest. But it's great to be lucky."

Zweite Heimat
Viele Filmschauspieler wie Heiner Lauterbach schätzen es, auf der Bühne der *Komödie* zu stehen.

Home away from home
Many actors like Heiner Lauterbach appreciate the Komödie

Charles Schumann

eröffnete vor mehr als dreißig Jahren das legendäre Schumann's, für manche die beste Bar der Welt. Sie liegt nur wenige Minuten zu Fuß von der *falk's Bar* entfernt – jener Bar im historischen Spiegelsaal, die Siegward Graf Pilati gestaltete und Innegrit Volkhardt zu Ehren ihres Vaters *falk's Bar* nannte. Hier erklärt Charles Schumann, was eine gute Hotelbar ausmacht.

„Ich mag Grandhotels wahnsinnig gern, je älter desto lieber. Der *Bayerische Hof* hat in meinen Augen alles, was ein Grandhotel braucht. Ein Sternerestaurant, die Dachterrasse mit grandiosem Blick über München, eine schöne Lobby und eine Institution wie das *Trader Vic's*. Das war damals eine super Idee von Innegrit Volkhardts Vater. Solche Läden lieben die Leute. Häufig werde ich von großen Häusern gebeten, sie zu beraten, wenn sie eine neue Bar planen.

Was heute viele gar nicht mehr wissen: Bars gab es früher nahezu ausschließlich in Hotels. Als um die vorletzte Jahrhundertwende die ersten berühmten Drinks kreiert wurden, geschah das in Hotelbars, dort entstand auch der Beruf des Barmanns oder Bartenders. Selbst als das Schumann's in den frühen 80er-Jahren eröffnete, gab es in München außerhalb eines Hotels genau eine Bar, die Harry's New York Bar, heute Pusser's. Eine Bar außerhalb eines Hotels galt als Kaschemme oder als Treffpunkt zwielichtiger Gestalten. Mein Vater hätte das Wort Bar nicht einmal in den Mund genommen.

Eine Bar ist für mich ein Ort, an dem man gern sitzt. Luis Buñuel hat mal sehr schön beschrieben, wie er sich die ideale Bar vorstellt. Ruhig, düster und bequem, als einen Ort der Meditation, der Sammlung. Wenige Tische, möglichst nur Stammgäste. In einer Hotelbar geht das natürlich nicht.

Bars in Hotels liegen meistens ein bisschen versteckt, deshalb haben sie in der Regel keine Laufkundschaft. Eine Hotelbar soll ein Ort der Begegnung sein, der Gast soll Menschen kennenlernen können. Deshalb sind auch die richtigen Mitarbeiter so wichtig. Wenn man an der Bar Leute hat, die um Mitternacht das Ende der Arbeitszeit herbeisehnen, dann bekommt eine Bar Probleme.

Eine Hotelbar ist ein Ort, an dem man sich verabredet, und sie muss deshalb Gediegenheit und Intimität zugleich ausstrahlen. Das Wichtigste dabei ist das Licht. Ob es passt, sieht man am besten, wenn es ganz runtergedimmt und fast dunkel ist. Fast genauso wichtig ist die Akustik. Das darf man nicht versäumen zu planen, sonst erlebt man böse Überraschungen.

Charles Schumann opened his legendary Schumann's bar, considered one of the world's best, more than 30 years ago. It's only a few minutes walk from falk's Bar – the bar in the historic Mirror Hall that Innegrit Volkhardt named in honor of her father. Schumann explains what makes a really good hotel bar.

"I'm tremendously fond of grand hotels: the older, the better. The *Bayerischer Hof* has everything a grand hotel needs: a fabulous restaurant, a roof terrace with a magnificent view of Munich, a beautiful lobby and an institution like *Trader Vic's*.

Major hotels often ask my advice when they plan a new bar. Most people don't realize that in the past, bars were found almost exclusively in hotels. The first mixed drinks were created in hotels in the late 19th century, where the bartending profession was also invented. Even when Schumann's was opened in the early 80s, Harry's New York Bar – now called Pusser's – was the only other bar in Munich that was not in a hotel. A bar outside a hotel was considered a dive.

Luis Buñuel once offered a great description of an ideal bar: peaceful, dark and comfortable, a place for meditation and regaining composure. Not many tables, but plenty of clients. Naturally, this does not work for a hotel bar.

Bars in hotels are usually located a little out of the way, so they don't get many walk-ins. A hotel bar should be a meeting place. That's why the right staff is vital. A hotel bar is a place where you meet someone, so it has to have low light and radiate both solidity and intimacy. Almost as important are the acoustics. Many hotel bars make serious mistakes, like hiring a DJ for a particular audience or allowing bartenders to act as showman mixologists.

falk's Bar, seit 2002 im Spiegelsaal

falk's Bar *since 2002 in the Mirror Hall*

*falk's Bar
in unterschiedlichen
Lichtstimmungen*

*Different shades
of light create a unique
ambiance at falk's Bar*

Manche Hotelbars begehen entscheidende Fehler: etwa einen DJ zu engagieren, um Bedürfnisse eines bestimmten Publikums zu bedienen. Manche halten ihre Barkeeper auch nicht davon ab, sich als Mixologen zu inszenieren und ihre Cocktails sichtbar zu zelebrieren. Vermutlich arbeiten irgendwo auch Barkeeper mit Mützen und in Unterhemden. Aber das wird wieder vergehen.

Ganz wichtig in einer Hotelbar ist ein Gastgeber. Das kann der Keeper sein. Früher haben Hotelbarkeeper nie gewechselt, das gibt es kaum noch. Im *Bayerischen Hof* ist das anders, das gefällt mir. Der Barkeeper ist in einem Hotel meines Erachtens genauso wichtig wie der Chefrezeptionist. Als Gast einen guten Platz zu finden, auf einen Barkeeper zu treffen, der einen beim Namen kennt und vielleicht sogar den Lieblingsdrink – all diese Dinge, die nicht mehr zeitgemäß erscheinen, halte ich gerade in einer Hotelbar für sehr wichtig. In der *falk's Bar* ist all das zu finden.

Eigentlich gehört in eine Hotelbar auch ein Pianospieler. Aber selbst in der Bar des Carlyle Hotels in New York spielt er nur am frühen Abend. So ist es in fast allen Bars weltweit: Am frühen Abend fehlen die Gäste, am späten Abend der Platz für den Pianisten. Die Bar des Carlyle ist vermutlich die berühmteste Hotelbar der Welt. Legendär natürlich auch die Hemingway Bar im Ritz in Paris, obwohl sie winzig ist. Hotelbars, das wird oft vergessen, haben wesentlich dazu beigetragen, die klassischen Drinks international zu etablieren und die Standards zu halten.

Wenn mir noch zehn oder zwanzig Jahre gegönnt sind, würde ich diese Zeit am liebsten in einem Grandhotel als Gastgeber verbringen. Allerdings müsste das am Meer liegen, nicht in München."

The host is especially important to a hotel bar - just like a chef. At the *Bayerischer Hof* a bartender still knows your name and perhaps your favorite drink – maybe a little old-fashioned nowadays, but I think it's what counts in a hotel bar. You'll find all that at *falk's Bar*.

A hotel should also have a piano player. Even in the bar at the Carlyle Hotel in New York the pianist only plays at the cocktail hour as in most bars worldwide. Early in the evening, there aren't enough guests and late at night there isn't enough room for the pianist. Hotel bars did a lot to establish classic drinks internationally and maintain standards.

If I had another ten or twenty years, I would love to work at a grand hotel as a host. However, it would have to be at the ocean, not in Munich."

**Gästebucheintrag von
Jean-Jacques Sempé**

*Guestbook entry by
Jean-Jacques Sempé*

ODE

ALBERT OSTERMAIER

wurde Mitte der 90er-Jahre bekannt mit Gedichtbänden wie *Herz Vers Sagen* oder *Solarplexus* und gilt als einer der wichtigsten Lyriker und Dramatiker der Gegenwart. Zudem ist Ostermaier Torwart der Fußballnationalmannschaft der Autoren. Seine Begegnungen mit Innegrit Volkhardt und dem *Bayerischen Hof* gehen ebenfalls auf den Fußball zurück. Beim Schumann's Cup, einem Fußballturnier, spielte Ostermaier im Team der Schriftsteller mehrmals gegen die Elf des *Bayerischen Hofs*.

became famous in the 1990's due to his poetry collections such as Herz Vers Sagen *(Heart-verse-sagas) or* Solar Plexus. *Today, he is considered one of Germany's most important lyricists and playrights of the present time. Ostermaier is also the goal keeper of the National Soccer Team of Authors in Germany. His connections with Innegrit Volkhardt and the* Bayerischer Hof *are also related to soccer. At the Schumann's cup, a soccer tournament, Ostermaier played in the author's team against the* Bayerischer Hof *squad.*

zwischen den zimmern
oder: Ode an den Bayerischen Hof
für Innegrit Volkhardt

sie konnte in ihrem hotel wie
in einem buch lesen mein
hotel ist ein begehbarer
roman sagte sie und blätterte
die zimmer auf strich über
die leeren seiten der weissen
laken glitt mit der hand über
die zeilen des schlafes das
gedächtnis der kissen ihre
erinnerung an die schulter
blätter die tränen den schweiss
abwesenheit und nähe alles
hier hatte seine geschichte
und erzählte sie ihr wenn sie
ihr ohr auf die dinge legte
wurden sie zu muscheln
sie rauschten das meer die
vorhänge zitterten im wind
gedanken an die liebenden
die verzweifelten die stets
hektischen und die immer
glücklichen die bleibenden
und durchreisenden sie sah
aschenbecher die durch den
raum flogen vasen die brachen
wie herzen zersprungen augen
nur für blicke gemacht lippen
auf dem spiegel der abdruck
einer stirn am fenster ein
wort auf einem block ziffern
flüstern schreie flüche schwüre
ein singen und schwingen un
endlichkeiten die in den schatten
blieben am morgen der abreise
äpfel obst trauben ein teller
süden eine praline für den mund
des fremden handtücher über
die das haar auf den rücken
fällt ein lachen ein lächeln
das fliessende wasser der
schaum die düfte in der luft
das schwere atmen der klima
anlage die sehnsucht des
kühlschranks der sein licht
wie ein lid der nacht öffnet
die hitze in den bademänteln
wenn sie langsam auf den
boden glitten verworren atemlos
manchmal träumte sie ganz
allein zu sein einen tag eine
nacht gehörte das hotel nur
ihr kein geräusch nur stille
das tauchen ihrer arme in
das wasser das schlagen der
wellen die weite auf dem
dach die stadt zum greifen
nah die berge nur eine
handbreit entfernt der fön
auf der terrasse sie liefe
durch die flure führe im
aufzug die fingerspitzen
blind auf den tasten sie
sässe an der bar wie in
einem französischen film
wartete ein zigarette lang bis
das eis schmolz die sekunden
sich betranken berauschten
an den farben der wünsche
in den bauchigen gläsern sie
ging durch die küchen ihre
gerüche ging durch länder
und täler olivenhaine und
orangenbäume öffnete den
orient in einem schrank
berührte stoffe und spinde
verlor sich in den kellern
ihres labyrinths als plötzlich
ein ball ihr entgegenrollte sie
den pokal entdeckte der einem
cocktailmixer glich charles
dachte sie gerade als sie
begann sich einsam zu fühlen
und die menschen die gäste
vermisste die stimmen die
hunderten stimmen schritte
klang aus dem nachtclub
ein klavier dann die drums
ein saxophon der bass zuletzt
hörte sie blue hotel ihr herz
das sang als sie über ihrem
buch erwachte

the corridors within
or: ode to the Bayerischer Hof
for Innegrit Volkhardt

she knew her way around
her hotel like a well-read book
my hotel she would say
is a page-turner frequently
re-read the rooms are drawn on
blank white pages by hand over
lines of sleep and remembered
by the pillows under shoulders
or leaves tears sweat absence
and nearness everything here
has its story to be told and
whatever she lays her ear on
brings the sound water rustling
over mussels and blowing
curtains that tremble in the
wind thoughts of lovers in
despair and the always hectic
or the always happy who
stayed behind or the people
just traveling through she
saw ashtrays flying through
rooms vases that broke into
pieces like hearts eyes made
for glances lips on the mirror
the impression of a forehead
on the window a word on a
block ciphers whispers outcries
swearing cursing swinging and
singing endless in the shadows
of the day of departure apples
grapes fruit a tropical platter a
chocolate candy in your mouth
the stranger's towel that your
hair falls over onto your back
a laugh a smile the flowing
water the suds the scent in the
air the heavy breathing of the
air conditioner the longing
hum of the refrigerator whose
light opens like an eyelid in the
warmth of a bathrobe when it
glides along the floor confused
and breathless she frequently
dreamt of being completely
alone for one day and one
night the hotel belonged
only to her no noise only the
stillness of her arms diving into
the water beating waves the
width of the roof reaching the
city and even the mountains a
mere handsbreadth removed
from the hair dryer she was
running on the roof garden
through the corridors riding
the elevator letting her fingers
blindly touch the buttons
she would sit in the bar as in
a french film waiting a long
cigarette while the ice was
melting the seconds
intoxicated enraptured by the
colors of wishes in the bulbous
glasses she was walking
through kitchens her scent
walked through countries
and valleys of olive orchards
and orange trees opened the
orient in a cabinet she touched
the material and lockers lost
themselves in the labyrinth
of cellars when suddenly a ball
rolls towards her into the
winner's cup that looked like
a cocktail mixer she thought
charles just as she began
to feel lonely and missed the
people the guests hundreds
of voices steps emerged from
the nightclub a piano then the
drums a saxophone the bass last
she heard blue hotel singing in
her heart as she awakened over
her book

innegrit VOLKHARDT

übernahm mit Abschluss ihres Studiums der Betriebswirtschaftslehre 1992 die Geschäftsführung des *Bayerischen Hofs.* Im Gespräch mit Christian Mayer, Redakteur der *Süddeutschen Zeitung,* erzählt sie, wie es gelang, das Haus Schritt für Schritt zu verändern und weshalb ein Hotel nie fertig werden kann.

„IM BAYERISCHEN HOF SPÜRT MAN *MÜNCHEN*, AUCH ALS GAST."

Innegrit Volkhardt took over management of the Bayerischer Hof in 1992, after completing her Business Administration studies. Volkhardt recounts how the hotel has changed and why it is never finished.

Frau Volkhardt, angenommen Sie sitzen in Los Angeles mit Bekannten, die noch nie in München waren. Wie würden Sie denen den Bayerischen Hof *erklären?*
Ich würde sagen: Der *Bayerische Hof* ist eine unverwechselbare Institution mitten im Herzen der Stadt. Seit 1897 im Besitz der Familie Volkhardt, mit einer großen Tradition, angefangen von König Ludwig I., der das Haus für sich und seine Gäste errichten ließ. Der *Bayerische Hof* hat ein besonderes Selbstverständnis und ein großes Herz auch für die Münchner. Das ist ja für ein Spitzenhotel relativ ungewöhnlich, so sehr ein Teil der Stadtgesellschaft zu sein. Hier spürt man München, auch als Gast. Und noch etwas: Wir haben hier ein so reichhaltiges Angebot, dass der Gast eigentlich gar nicht aus dem Haus muss, das war schon immer der Anspruch unserer Familie. Der *Bayerische Hof* ist eine Welt für sich.

Ms. Volkhardt, imagine you were in Los Angeles with people who had never been to Munich. How would you describe the Bayerischer Hof *to them?*
The *Bayerischer Hof* is a unique institution located in the heart of the city, owned by the Volkhardt family since 1897. Its history starts with King Ludwig I, who had it built for himself and his guests. The *Bayerischer Hof* has its own mission and a big heart for its guests and the people of Munich. You sense the real Munich here. The *Bayerischer Hof* is simply a world of its own.

Ein Hotel dieser Klasse muss sich immer verändern, um ganz gegenwärtig zu sein. Aber der Bayerische Hof *steht auch für historische Grandezza. Wie kriegen Sie diesen Spagat hin?*
Gegenwart ist für mich die Mischung aus Vergangenheit und Zukunft. Ich habe Respekt vor den Leistungen der Vergangenheit. Ich bin niemand, der alles immer radikal infrage stellt, sondern will das erhalten, was den Geist der Familie und des Hotels kennzeichnet. Es darf keinen totalen Bruch geben, und die meisten Gäste verstehen das auch: Sie wollen, dass der *Bayerische Hof* seinen Charakter bewahrt, aber sehen die Notwendigkeit zur Veränderung.

A hotel of this class has to constantly change to remain contemporary, but the Bayerischer Hof *also represents historical grandeur. How do you combine the two?*
For me contemporary is a mixture between past and future. My goal is to preserve our family's spirit and that which makes the hotel what it is. Not a total break with the past. Most guests want the *Bayerischer Hof* to retain its character but some change is necessary.

Sie sprechen vom Geist der Familie, was ist das genau?
Mein Vater und auch schon mein Großvater hatten ihre Freude daran, neue Dinge aufzubauen, die ihnen persönlich Spaß machten. Ich glaube, da bin ich ähnlich veranlagt. Mein Vater, Falk Volkhardt, hat zum Beispiel grandiose Faschingsfeste veranstaltet. Er hat sich dafür regelmäßig komplett verkleidet, er war dann nicht mehr wiederzuerkennen. Oder nehmen Sie die Pooleröffnung 1969. Was war das für eine geniale Party, man kann heute noch auf alten Schwarz-Weiß-Fotos betrachten, wie freizügig es zuging damals in München. Sogar meine Großmutter war im Badeanzug inmitten der Gäste, ich wusste gar nicht, dass sie überhaupt einen solchen Badeanzug hatte.

You spoke of the family's spirit. What does that mean?
My father and grandfather enjoyed creating things. I'm the same. My father Falk organized fabulous Carnival costume parties. Or the magnificent party opening of the rooftop pool in 1969. The black and white photos show how relaxed everything was. There's my grandmother in a bathing suit, right with the guests.

Falk Volkhardt war in ganz München bekannt für seine Leutseligkeit und seine Ausdauer beim Feiern.
Nicht nur das, er war sehr kreativ. Auch die Themensuiten – die Rue de Paris oder die Hawaii-Suite des bekannten Münchner Filmausstatters Rolf Zehetbauer – waren eine Idee meines Vaters. Mein Vater hat außergewöhnliche Designer wie Emilio Pucci aus Florenz engagiert, der damals schon berühmt war. Er fand es großartig, seine Gäste zu überraschen und etwas Neues zu schaffen. Einige dieser Suiten haben wir bis heute erhalten, weil sie so charmant sind. Auch das *Trader Vic's* zu etablieren war seine Idee. Damals für München ein komplett neues Erlebnis.

Falk Volkhardt was known throughout Munich for his sociability and staying power at parties.
He was also very creative. The theme suites – the Rue de Paris or the Hawaii suite – were my father's idea. He thought it was wonderful to be able to surprise guests and create something new. Opening Trader Vic's in our hotel was his idea, too.

In vielen Fünfsternehotels spürt man eine gewisse Distanz, die man die Gäste spüren lässt. Im Bayerischen Hof *verzichten Sie darauf.*

In many five-star hotels you sense a kind of distance – but not at the Bayerischer Hof.

Familie, Gäste, Stars

Im Uhrzeigersinn von rechts: Innegrit Volkhardt mit ihrer Mutter Erika und Lebensgefährte Norbert Sigl; mit Jack Nicholson 1997; Mutter und Schwester Michaela mit ihren Töchtern Marie und Sophie; mit Cameron Diaz; Assistent Woody; mit Ralf Möller und Arnold Schwarzenegger 2007

Family, guests and stars

Clockwise: Innegrit Volkhardt with her mother Erika and partner Norbert Sigl; with Jack Nicholson 1997; mother and sister Michaela with their daughters Marie and Sophie; with Cameron Diaz; Assistant Woody; with Ralf Moeller and Arnold Schwarzenegger 2007

Innegrit Volkhardt mit dem Großteil der 670 Mitarbeiter des *Bayerischen Hofs*

Volkhardt with most of the Bayerischer Hof *670 employees*

Richtig. Deshalb sollte zum Beispiel der *Palais Keller* von Anfang an so günstig sein, dass man sich das auch als Münchner Normalverdiener leisten konnte, auch wenn dort Prominente ebenfalls gern verkehren. Bis heute gibt es im *Palais Keller* Brezen und Brot umsonst. Auch unsere legendären Kinderfaschingsbälle sollen schon den Jüngsten das Selbstverständnis unseres Hauses nahebringen.

Am Promenadeplatz finden große Veranstaltungen statt, die stets für Aufmerksamkeit sorgen: der Deutsche Filmball, die Sicherheitskonferenz, die Eröffnung des Münchner Filmfests. Sind diese Events eine Selbstverständlichkeit oder müssen Sie darum kämpfen?
Gar nichts ist in dieser Branche selbstverständlich, und natürlich haben auch die Mitbewerber ihre Begehrlichkeiten und versuchen, wichtige Veranstaltungen abzuwerben. Wir müssen immer unser Bestes geben, damit die Kunden den Verlockungen der anderen widerstehen. Bisher hat das gut geklappt.

Sie sind seit 1992 in der Geschäftsführung des Bayerischen Hofs. *Hatten Sie eigentlich am Anfang eine Art Masterplan, was im Haus so alles geschehen musste, um konkurrenzfähig zu bleiben?*
Schon im BWL-Studium habe ich mich mit Organisationsstruktur beschäftigt, auch mit Marketing oder Corporate Identity. Ich habe relativ schnell erkannt, dass es bei uns an klaren Strukturen doch sehr gemangelt hat. Die Organisationsstruktur bestand aus meinem Vater und zwei ihm unterstellten Mitarbeitern, welche unter sich die Gesamtverantwortung aufteilten. Bis zu diesem Zeitpunkt hatte das funktioniert, weil vieles auf seine Person zugeschnitten war. Als er dann aber sehr krank wurde, habe ich schnell alles daran gesetzt, neue Strukturen zu schaffen, weil das patriarchalische System überholt war. Das hat sicher einigen Leuten wehgetan, war aber notwendig. Seit 1995 unterstützt mich mein Lebensgefährte Norbert Sigl in unserem Unternehmen. Mit ihm wurden sämtliche kaufmännischen Strukturen nochmals transparenter und dadurch verbessert. Sie bilden einen starken Gegenpart zum operativen Teil des Unternehmens. Heute haben wir sieben Bereichsleiter, die ihre Abteilungen relativ eigenverantwortlich führen.

Und im Haus, was haben Sie da verändert?
Wir haben den *Bayerischen Hof* zum Teil räumlich neu geordnet – aus Personalzimmern wurden etwa großzügige Suiten, aus Büroräumen unsere beliebte Empore – und das Hotel insgesamt auf einen zeitgemäßen Standard gebracht. Seither haben wir rund 140 Millionen Euro in unser Haus investiert, zum Beispiel in neue Suiten und Zimmer, Restaurants und Bars, Veranstaltungsräume, das *Blue Spa* und das Kino. Ich habe das anfangs übrigens ziemlich unterschätzt. Die Veränderungen in unserem Hotel hören nie auf, man kann nie sagen: Jetzt sind wir fertig.

Auf welche Veränderung sind Sie besonders stolz?
Auf das *Blue Spa*, auf unsere Dachterrasse, die ich besonders gern mag, weil ich hier München fühle, Ruhe habe und die Berge sehen kann, wenn Föhn herrscht.

Exactly. That's why the *Palais Keller* was priced so that any average earner could afford it. We still serve pretzels and bread at no charge there. Our legendary children's Carnival parties introduce the very young to our hotel.

Many important events that attract a lot of attention take place on Promenadeplatz. The German Film Ball, the Security Conference, the opening of the Munich Film Festival – do you have to compete for these events?
Nothing can be taken for granted, and we have to do our best in a very competitive market. Until now we had been successful.

You joined management at the Bayerischer Hof *in 1992. When you started, did you have a master plan for keeping the hotel competitive?*
While earning my MBA, I was interested in organizational structure, marketing and corporate identity. I quickly realized that our organization lacked structure. It consisted of my father and two people reporting to him, who divided up the full resposibility among themselves. Some people felt hurt, but change was necessary. My life partner Norbert Sigl joined me in our enterprise in 1995, and the commercial structures have become even more transparent and better as a result. They form a strong counterweight to hotel operations. Today we have seven department managers, who run their own relatively autonomous departments.

And what have you changed in the hotel itself?
We've reorganized spaces in the *Bayerischer Hof* to some extent. Out of staff rooms we for example built generous suites and we turned office rooms into our very popular Gallery – and brought the hotel up to current standards. Since I started, we've invested about €140 million in new suites and rooms, restaurants and bars, event rooms, the *Blue Spa* and the screening room. Initially I underestimated what was needed. Changes in a hotel never stop.

What changes are you especially proud of?
The *Blue Spa* and our roof terrace, which I'm particularly fond of because that's where I feel Munich. I can relax and see the mountains when the weather is right.

Many guests say that the roof terrace is a unique place in Munich.
It's very beautiful, and it helped rejuvenate us. We

Viele Gäste sagen: „Die Dachterrasse ist einmalig in München."
Sie ist sehr schön, und sie hat uns eine wichtige Verjüngung gebracht. Für den Umbau haben wir damals mit der französischen Innenarchitektin Andrée Putman zusammengearbeitet, sie war eine großartige Persönlichkeit.

Und auch ziemlich berühmt als Hoteldesignerin, die schon das Morgans in New York gestaltet hatte. Wie sind Sie auf Madame Putman gekommen?
Wir haben damals einen Architektenwettbewerb veranstaltet – und erstaunlicherweise hat sie sich daran beteiligt. Vielleicht war ich etwas naiv, ich habe sie einfach angeschrieben, und sie hat tatsächlich sofort zugesagt und dann sehr überzeugend gewonnen. Andrée Putman hatte einen ungeheuren Respekt vor der Vergangenheit, sie kam zu uns ins Haus und hat als Erstes den alten Pool angeschaut. Es hat ihr irgendwie sehr gut gefallen bei uns im Haus. „Warum wollen Sie das überhaupt verändern, es ist doch wunderschön", hat sie gesagt.

Die alten Bullaugen, zum Beispiel, ein Klassiker.
Die gibt's immer noch, genauso wie die Lampen. Die hat Putman einfach so gelassen, weil sie wusste, wie wichtig es ist, die schönen Dinge der Vergangenheit zu bewahren. Über ihr Wirken sind wir auch an andere bedeutende Gestalter gekommen – zum Beispiel an den belgischen Designer Axel Vervoordt. Er hat für uns das *Atelier*, das neue Restaurant *Garden* und unser Kino gestaltet.

Auch das ist erstaunlich, schließlich pflegt der Antiquitätenhändler, Kunstsammler und Designer Axel Vervoordt einen äußerst exklusiven Privatkundenkreis.
Die Empfehlung kam schließlich über Münchner Freunde, bei denen ich eingeladen war – Vervoordt hatte ihr Haus gestaltet. Und plötzlich wusste ich: So ähnlich wollte ich auch gern unser Restaurant haben. Meine Freunde haben ihn dann überredet. Für Robert De Niro hat er inzwischen auch ein großes Projekt im Greenwich Hotel in New York gemacht. Wir werden hoffentlich bald wieder mit ihm arbeiten, für eines unserer nächsten Projekte.

Mögen eigentlich alle Ihre Gäste die Veränderungen im Haus?
Es gibt Menschen, die fühlen sich vor den Kopf gestoßen, weil sie zum Beispiel im *Garden* Restaurant den alten plüschigen Charme vermissen. Oft sind das ältere Gäste, die in ihrem Leben schon einmal alles verloren hatten und danach die ihnen lieb gewordenen Dinge mit der Leidenschaft von Sammlern pflegen – sie kommen mit einem puristischen Design, wie dem von Vervoordt, nur schwer zurecht.

Kein Wunder, dass Sie so sehr in die Gastronomie investieren: Sie machen die Hälfte des Umsatzes mit Veranstaltungen.
Ja, fünfzig Prozent Umsatz kommen von den Übernachtungen, und je ein Viertel von Veranstaltungen sowie den Bars und Restaurants. Für uns ist das eine gute Mischkalkulation, auch wenn man mit Hotelbetten bessere Renditen erwirtschaften kann. Die Restaurants

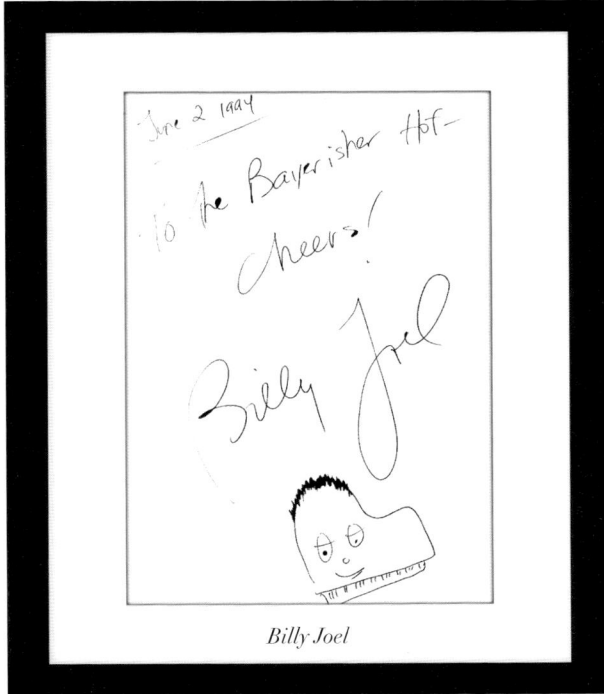

Billy Joel

worked with the French interior architect, Andrée Putman, on the project. She was terrific.

And also rather famous as a hotel designer. She designed the Morgan Hotel in New York. How did you find her?
We decided to have an architectural competition. She participated and won. I naïvely wrote to her, and she won in a very convincing fashion. Andrée Putman has tremendous respect for the past. She came here and began by looking at the old pool. "Why do you want to change it? It's so beautiful," she said.

The old porthole was a classic.
It is still there and so are the lamps. Putman left them in place because she likes to preserve beautiful old things. Through her work we met other designers – for example, Axel Vervoordt. He designed the *Atelier* and the new *Garden* restaurant and built our screening room for us.

That too is amazing, since Axel Vervoordt has an extremely exclusive circle of devoted private clients.
I wanted to work with him because I had seen a house he designed and wanted our restaurant to reflect his style.

und Bars betreiben wir übrigens sehr stark auch für die Münchner. Sie quartieren hier ihre Gäste ein und halten Veranstaltungen ab. Das entspricht unserem Selbstverständnis.

Wie kann man heute, wo die Konkurrenz der Ketten so groß ist, neue Stammgäste gewinnen?
Wir haben das Glück, viele tolle Mitarbeiter zu haben. Leute, die den Gast und ihren Beruf sehr mögen. Anders kann man Gäste gar nicht zum Wiederkehren bewegen. Die Mitarbeiter des Empfangsbereichs der Restaurants und des Veranstaltungsbereichs haben absolute Schlüsselpositionen. Es gibt Gäste, die kommen tatsächlich wegen der Menschen, die hier im Haus arbeiten, zu diesen Gästen zählen Präsidenten, berühmte Schauspieler, Modemacher, Musiker sowie auch viele treue Privatkunden und Geschäftsreisende, welche unser Haus oftmals seit vielen Generationen besuchen.

Wie oft müssen Sie selbst als Krisenmanagerin eingreifen, wenn impulsive Gäste sofort mal die Chefin sprechen wollen?
Das kommt schon vor. Schon so einmal am Tag, würde ich sagen, mit oftmals mehr oder weniger großem Erfolg. Gäste wie Mitarbeiter sind einfach Individualisten.

Reden wir über Ihre persönlichen Leidenschaften. Sie haben im Bayerischen Hof *einige Kulturangebote: Theater, Kino, Musik. Was ist Ihnen am wichtigsten?*
Am wichtigsten ist mir die Musik.

Kultur ist teuer, Geld dürften Sie damit kaum verdienen.
Richtig, dafür muss man investieren. Wenn man Glück hat, findet man aber auch gute Partner. Es wäre sehr teuer, etwa den Jazzsommer allein zu stemmen. Wir haben mit dem Nightclub und dem Ballsaal eine wunderbare Möglichkeit, Konzerte zu veranstalten. In München gibt es ja inzwischen nur noch wenige Live-Bühnen. Aus der internationalen Jazz-, Blues- und Latin-Szene gibt es niemanden, den wir nicht hatten, Legenden wie Tito Puente, Miriam Makeba, Charlie Haden haben bei uns immer gern gespielt. Es ist für mich ein großes Glück, Freude und Ehre, wenn wir, wie beim Jazzsommer 2014, Künstler wie Al Di Meola oder Ivan Lins zu Gast haben.

Woher kommt Ihre Liebe zum Jazz?
Als ich klein war, hatten wir ein Kindermädchen. Deren Mann, der Musiker Ron Evans, hatte in Starnberg einen winzigen Plattenladen, vielleicht zwanzig Quadratmeter groß, das „Porto Bello". Ron Evans hat mir damals eine Platte des legendären Mahavishnu Orchestra des Gitarristen John McLaughlin verkauft. Mich hat diese Musik komplett fasziniert.

Wie alt waren Sie damals?
Sieben oder acht Jahre. Ich fand das herrlich schräg. Später war ich dann als Studentin beim Zeltfestival in Freiburg, dort habe ich den

„ALS ICH MIT 22 JAHREN *JAN GARBAREK SPIELEN HÖRTE*, WUSSTE ICH: JAZZ IST MEINE MUSIK!"

Do all your guests like these changes in the hotel?
There are people who feel slightly disappointed because they miss the old plush charm of things. It's usually the older guests who have experienced loosing everything in life. They don't feel comfortable with empty spaces with purist designs like Vervoordt's.

No wonder you invest so much in gastronomy: Events account for half your revenues.
Yes, fifty percent of our revenues are from overnight stays, and a quarter each from events and from bars and restaurants. That's a good mixture for us, even though hotel beds can be more profitable. The restaurants and bars focus on locals: They have their guests stay here and they stage events here. That reflects our identity.

When there is such tough competition from the chains, how do you acquire new loyal guests?
We have great employees who love their job and that shows. That's the best way to keep guests coming. Employees in the restaurant, the reception and the event are absolutely key. Many guests come back to us specifically because of the people who work here, guests that include presidents, famous actors, trendsetters, musicians, private clients and business travelers.

How often do you have to step in as crisis manager when impulsive guests insist on speaking to the managing director immediately?
At least once a day. Guests, like employees, are simply individualists.

Let's talk about your personal passions. You have several cultural offerings at the Bayerischer Hof: *theater, movies, music. What's most important to you?*
Music.

Culture is expensive. You don't make money with it.
That's true. If you're lucky, you can find good partners. It would be very expensive to sponsor the Jazzsommer program alone. With the night club and ballroom, we

norwegischen Saxofonisten Jan Garbarek erlebt. Und ich wusste sofort: Das ist genau meine Musik! Ich habe dann tatsächlich angefangen, selber Saxofon zu spielen. Und so hat sich eins zum anderen ergeben.

Spielen Sie noch Saxofon?
Keine Zeit. Keine Begabung. Keine innere Ruhe.

Aber die Liebe zum Jazz ist geblieben?
Die ist geblieben, das ist eine große Leidenschaft.

Auch die Komödie *im* Bayerischen Hof, *die Sie verpachtet haben, gehört zum Traditionsbestand.*
Das kann man so sagen, schließlich war der ursprüngliche Konzertsaal für meine Großmutter Irene Schachinger bestimmt. Sie war eine bekannte Opernsängerin in München und stammte aus einer Künstlerfamilie. Mein Großvater hat für sie den Musiksaal gebaut, damit sie dort auftreten konnte. Nach dem Krieg war bei uns alles zerstört, auch der Musiksaal wurde wieder komplett neu errichtet und relativ bald in ein Theater umfunktioniert. August Everding, der große Münchner Impresario, hat meinem Vater später Margit Bönisch als Prinzipalin vermittelt – ein genialer Schachzug.

Daneben haben Sie auch noch das Premium-Kino.
Ich fand es immer schade, dass wir keine Leinwand hatten, weil bei uns sehr viele Filmschaffende und Produzenten verkehren. Endlich können wir Filme zeigen, auch bei Sonder- und Pressevorführungen. Unsere Gäste lieben dieses neue Angebot.

Sie sind viel in der Welt unterwegs, auf Reisen. Holen Sie sich da Inspiration für Ihr Haus?
Ja, man findet auf Reisen bestimmte Stimmungen, bekommt wichtige Eindrücke. Das Sanderson in London, zum Beispiel, war so eine Inspirationsquelle, es hat eine extrem coole Bar. Auch das Ritz Carlton Hotel Arts Barcelona hat mich sehr beeindruckt, die haben einen großartigen Pool – einmal lief mir da Mick Jagger über den Weg. Ich fand das spannend, dass man Exklusivität und Öffentlichkeit mischen kann. Diese Lebensfreude schwebte mir für das *Blue Spa* dann auch vor.

Sie sind die vierte Generation Volkhardt im Bayerischen Hof, *rechnen Sie damit, dass es eine fünfte geben wird?*
Meine Schwester Michaela hat sich ja sehr früh für das Familienleben entschieden und hat heute zwei Töchter. Es wäre natürlich schön, wenn es auch eine fünfte Generation der Volkhardts im *Bayerischen Hof* geben würde. Wir gehören schon auch zum Münchner Lebensgefühl, und das soll auch so bleiben. Wie schon mein Vater im Prolog des Buches „Die ersten 150 Jahre Hotel Bayerischer Hof" schrieb, so gilt auch für mich, „dem *Bayerischen Hof* gilt immer meine Liebe und ich bin sicher, auch die meiner Nachfolger."

have great options for concerts. Nowadays in Munich, there are few live stages. But everyone in the international jazz, blues and Latin scene has performed here. Legends like Tito Puente, Miriam Makeba and Charlie Haden. It's an honor when we get guest artists like Al Di Meola and Ivan Lins to perform here.

Where does your love of jazz come from?
When I was a little girl, there was a tiny record store called the "Porto Bello" where I bought a record by guitarist John McLaughlin. It totally fascinated me.

How old were you then?
Seven or eight. I found it gloriously different. Later, I heard Norwegian saxophonist Jan Garbarek play in Freiburg. I even started to play the saxophone myself.

Do you still play the saxophone? And do you still love jazz?
No time, no talent, no inner peace but I still love jazz.

The Komödie *is also part of the hotel's tradition?*
The concert hall was for my grandmother, Irene Schachinger, a well-known Munich opera singer. My grandfather built it for her. After the war, the hotel was destroyed. The concert hall was completely rebuilt and soon repurposed as a theater. My father won Margit Bönisch as its director – a move of genius.

And you also have the screening room.
It was a pity that we didn't have facilities for showing movies here, since so many people in the film industry were our guests. Finally we can show films, especially special screenings. Our guests love this new offering.

Do you travel far to find inspiration for your hotel?
Yes, you gather lots of impressions. The Sanderson in London has a cool bar. The Ritz Carlton Hotel Arts in Barcelona a fantastic pool. I find it exciting, mixing exclusivity and openness – and built it in the *Blue Spa*.

You are the fourth generation of Volkhardts at the Bayerischer Hof. *Do you expect a fifth generation here?*
My sister Michaela chose family life early on and has two daughters. It would be wonderful if we had a fifth generation of Volkhardts at the *Bayerischer Hof*. We are part of Munich's soul. What my father wrote in the foreward for the book, The First 150 Years at the Bayerischer Hof, applies to me as well: "I have always loved the *Bayerischer Hof*, and I am sure that will be true for my successor as well."

Silvester

ist auch im *Bayerischen Hof* ein ganz besonderer Tag. Unter den rund 2500 Veranstaltungen, die Jahr für Jahr im Festsaal, in den Räumen des Palais Montgelas, im *Night Club*, in den Restaurants und auf der Dachterrasse stattfinden, ist die Silvesterparty die größte Herausforderung: gefeiert wird auf allen Etagen, mit Bands, DJs, verschiedenen Menus und reichlich Champagner. Silvester 2013 in Zahlen

2523 GÄSTE *guests*

268 AUSTERN *oysters*

5012 BLUMEN *flowers*

1400 TEELICHTER *tealights*

81 kg GARNELEN *shrimps*

162 MITARBEITER *staff members*

114 FONDUES *fondues*

6 DJS *djs*

624 FLASCHEN WEISSWEIN *bottles of white wine*

22.000
GLÄSER
glasses

10
BANDS
bands

1119
MENUES
menus

8000 kg
EIS
ice

318
FLASCHEN ROTWEIN
bottles of red wine

638
FLASCHEN CHAMPAGNER
bottles of champagne

360 kg
HUMMER
lobster

5140
ARBEITSSTUNDEN
working hours

New Year's Eve is a special time at the Bayerischer Hof as well. Among the 2500 events and festivities taking place every year in the Ballroom, the rooms of the Palais Montgelas, the Night Club, in the restaurants and the roof terrace, the New Year's Eve Party is by far the most challenging. It takes place on all levels of the hotel, with bands, DJs, different menus and lots of champagne. Just see the numbers.

Das *Atelier* Restaurant
The Atelier *Restaurant*

Erich
KÄSTNER

der Schriftsteller, zählte zu den ersten Gästen, als im Oktober 1945 der Spiegelsaal im *Bayerischen Hof* eröffnet wurde, das erste Speiselokal nach dem Krieg in München. Die Münchner Innenstadt glich einer Trümmerlandschaft, doch unter den Schutthaufen des *Bayerischen Hofs* war der prachtvolle Spiegelsaal mit seinem reichen Stuckwerk wie durch ein Wunder unversehrt geblieben. Ein Kellner hat die Wände gestrichen, und Falk Volkhardt installierte eine provisorische Küche unter einem Zeltdach. Das Restaurant, bald Treffpunkt vieler Künstler und Intellektueller, entwickelte sich zu einem Symbol von Hoffnung und Optimismus. Eine Episode, die zeigt, wie die Volkhardts ihre Rolle als Gastgeber verstanden haben. Was die Restaurants im *Bayerischen Hof* in der Gegenwart auszeichnet, das erklärt Patricia Bröhm, Chefredakteurin der deutschen Ausgabe des *Gault Millau*.

„Kaum irgendwo gibt sich München so weltläufig wie in *Atelier* und *Garden*, die der belgische Kunstsammler und Antiquitätenhändler Axel Vervoordt gestaltete. Volkhardt musste all ihren Charme aufbieten, um den zunächst widerstrebenden Antwerpener von der neuen Aufgabe zu überzeugen. Vervoordt hatte sich zuvor noch nie öffentlich als Innenarchitekt versucht, sondern nur betuchte Privatkunden beraten. Umso freier und kreativer war seine Herangehensweise. Das *Garden* inszenierte er als großzügigen Wintergarten mit beeindruckenden 5,70 Meter Raumhöhe, vielen Glasflächen, fast unverputzt erscheinenden Wänden und eigens kreierten Möbeln. Das kleinere, zeitgemäß puristische *Atelier* gestaltete er intimer, es wirkt mit den Werken des Belgiers Dirk Vander Eecken, darunter eine bemalte mobile Wand, tatsächlich ein wenig wie ein Künstleratelier. Mit seinem kosmopolitischen Design gibt Vervoordt einen Rahmen vor, in dem die Küche glänzen kann.

Nur zwei Monate nach der Neueröffnung wird das *Atelier* mit einem Michelin-Stern ausgezeichnet, den es seither hält, der *Gault Millau* verleiht 17 Punkte. Mit Gerichten wie der Bretonischen Felsenrotbarbe mit schwarzem Reis, gegrilltem Fenchel und intensiv-würziger Safran-Aïoli oder einem intelligent verfeinerten Kalbskopf samt Zunge und Backe zeigt sich die Küche hier kreativ, aromenreich und stets auf der Höhe der Zeit. Dabei stehen ausgesuchte Produkte bester Qualität im Mittel-

Erich Kästner, the author, was one of the first guests when the Spiegelsaal (mirror hall) in the Bayerischer Hof *opened as the first restaurant in Munich after World War II.* With downtown Munich a landscape of ruins and the *Bayerischer Hof* reduced to a pile of rubble, the splendid Spiegelsaal remained miraculously unscathed. After a waiter repainted the walls and Falk Volkhardt installed a temporary kitchen, the restaurant became a meeting place for many artists and intellectuals, and evolved into a symbol of hope and optimism. This episode showed clearly how well the Volkhardts' understood their role as hosts.

In 2009, Innegrit Volkhardt opened the high-end *Atelier* and the splendid *Garden* restaurants, both of which would become must-go world-class venues. The *Bayerischer Hof's* other three restaurants include the *Palais Keller* featuring Tyrolean fare, local favorite *Trader Vic's* serving Asian-Polynesian dishes, and the *Blue Spa Lounge & Terrasse* serving up light spa cuisine. Patricia Bröhm, editor in chief of the German edition of the *Gault Millau* restaurant guide, explains

punkt. Ob Lamm vom niederbayerischen Gutshof Polting, ultrafrische Krebse aus Galicien oder Bresse-Taube – das Haus legt viel Wert auf die Pflege intensiver Beziehungen zu engagierten Produzenten. Davon profitiert auch die Küche des *Garden,* das alle Ansprüche erfüllt, die Gäste unterschiedlichster Herkunft an ein Hotelrestaurant stellen. Wer einfach nur gut essen möchte, findet hier Klassiker wie die im Ganzen saftig gebratene Seezunge, ein formvollendetes Wiener Schnitzel oder ein am Knochen gereiftes und perfekt auf den Punkt gebratenes Ribeye aus der Rôtisserie. Für geschulte Gaumen eröffnen Gerichte wie eine gebeizte Bernsteinmakrele mit Kohlrabi, Rucola und Buttermilch neue geschmackliche Horizonte.

Eine völlig andere kulinarische Welt empfängt den Gast im *Trader Vic's.* Es zählt nicht nur zu den umsatzstärksten Restaurants der Stadt, sondern weist auch eine besonders hohe Prominentendichte auf. Wer das nicht glaubt, der achte beim Eintreten auf den Tisch gleich rechts am Eingang mit einem ausladenden Korbstuhl, vom Personal nur „Pfauenthron" genannt. Hier sitzen Stammgäste, wie Mario Adorf und Thomas Gottschalk, und Weltstars, wie Plácido Domingo und Lionel Richie. Falk Volkhardt eröffnete das Lokal mit dem Südsee-Dekor 1971, seine Tochter passte es behutsam den Zeitläufen an – „never change a winning team". Zu den Klassikern auf der Speisekarte zählen die Peking-Ente, die in zwei wie Museumsstücke ausgestellte chinesischen Steinöfen bei glühender Hitze von bis zu 500 Grad zu knuspriger Köstlichkeit gegart werden. Am gefragtesten aber sind die Barbecue Spare Ribs, von denen pro Jahr rund zehn Tonnen verzehrt werden. Tashim Pehlevan, seit vierzig Jahren in der Küche tätig, hat das Rezept entscheidend verfeinert. Noch beliebter ist nur der an der Bar ausgeschenkte Mai Tai. Das Geheimrezept für das hausgemachte Konzentrat, das mit Rum aufgegossen wird, kennen nur der Küchenchef, sein Stellvertreter und der „gute Geist" des *Trader Vic's,* Heike Schröder.

Wie stark die Volkhardts und ihre Gastronomie in der Geschichte der Stadt verankert sind, das spürt man am ehesten, wenn man die alte Steintreppe im Palais Montgelas hinabsteigt und einem der Duft von hausgemachten Brezen den Mund wässert. Kreuzrippengewölbe aus dem 14. Jahrhundert erzählen noch heute von einer Zeit, als München eine Hochburg des Salzhandels war und sich am Promenadeplatz eines der größten Salzlager der Stadt befand. Nirgendwo sonst gibt sich das Luxushotel ähnlich volkstümlich wie im *Palais Keller.* Die Gäste sitzen an langen Holztischen und in verschiedenen urigen Stuben gemütlich beisammen, die Damen im Service tragen Dirndl und können Maßkrüge schleppen wie ihre Kolleginnen vom Oktoberfest. Auf der Speisekarte finden sich nicht nur Weißwurst, Schweinsbraten & Co, sondern auch selten gewordene Altmünchner Spezialitäten wie das saure Lüngerl mit geschmälztem Semmelknödel, die Briesmilzwurst oder ein in schäumender Butter gebratenes Kalbsherz mit Rosmarinkartoffeln. Hier erleben nicht nur Hotelgäste aus aller Welt lebendige bayerische Genusskultur, das schmeckt auch den Münchnern, die rund neunzig Prozent der Gäste ausmachen.

what makes the *Bayerischer Hof's* restaurants so special. "There's hardly any other place in Munich that is so cosmopolitan as *Atelier* and *Garden,* which were designed by the Belgian art and antiques dealer Axel Vervoordt. He made *Garden* into a large-scale winter *garden* with ceilings 5.70 m high, glass surfaces, seemingly unplastered walls, and custom-designed furniture. He designed the smaller *Atelier* to be more intimate and contemporary. With pieces by Belgian artist Dirk Vander Eecken, it really feels like an artist's studio. Two months after reopening, *Atelier* received one Michelin star, while *Gault Millau* has given it 17 points. With dishes such as red mullet from Brittany with black rice, grilled fennel and intensely spiced saffron aioli, the kitchen shows that it is creative, contemporary and high quality. Whether it's lamb from the Polting farm in Lower Bavaria, ultra-fresh crabs from Galicia, the restaurants place an inordinate amount of value on close relations with committed suppliers.

A completely different world awaits guests at *Trader Vic's.* It is especially popular among locals as well as German celebrities such as Mario Adorf and Thomas Gottschalk, and international stars like Plácido Domingo and Lionel Richie. Falk Volkhardt opened the venue with a South Seas-based decor in 1971. Classic fare on the menu includes Peking duck, which is halved and cooked in Chinese stone ovens at a blazing 500°C to perfect crispiness. The most sought-after items are the barbecue spare ribs of which 10 tons are consumed annually. The bar serves delicious rum-infused mai-tais with a secret recipe. Walking down the old stone stairs in the Palais Montgelas, one gets a whiff of home-made, salt-encrusted pretzels. Ribbed

Genuss
Kochbrigade im Jahr 1947 (l.). Aus dem *Atelier*: Pulpo mit Kaninchenkeule (u.)

Pleasure
Kitchen brigade from 1947 (l.). From the Atelier: Octopus with rabbit leg (b.)

„STERNERESTAURANT, SPA CUISINE, *bayerische Tradition:* HIER IST ALLES ZU HAUSE."

Himmelblick
Auf der Blue-Spa-Terrasse (o.), Taubenbrust auf Zwiebel und jungem Lauch (r.)

Sky view
Blue Spa terrace (above), dove on onions and delicate leek (right)

Festmenü
Hans-Jochen Vogel, 1960 bis 1972 Oberbürgermeister von München, Maximilian Schell und Sophia Loren beim Bal Paré 1965

Banquet menu
Hans-Jochen Vogel, Mayor of Munich from 1960 to 1972, Maximilian Schell and Sophia Loren at the Bal Paré 1965

Fest-Diner
zu Ehren
des Dichters Herrn EMANUEL GEIBEL.
München, den 5. Dezember 1852.

Menu.

Potage
à la Reine.

Hors-d'oeuvre:
Petites bouchées.

Relevées:
Huchen, sauce hollandaise.
Filet de boeuf aux macaroni.

Entrées:
Fricandeaux à la macédoine.
Salmi de perdreaux aux truffes.

Rôts:
Chapon de Styrie.
Terrine de foie gras de Strasbourg.

Entremets:
Pudding.
Glace.
Pâtisserie.
Dessert.

Romantik
Karamellisierte Opalys, Waldmeister, Calpico und Erdbeere; historische Menükarte (l.)

Romantic
Caramelized opalys chocolate, Waldmeister (woodruff), calpico and strawberries; (l.) historic menu

Im sechsten Stock auf der *Blue Spa Lounge&Terrasse* ist nicht nur der Rundblick über die Dächer der Stadt spektakulär. Im Sommer befeuern die Köche ab 12 Uhr mittags bis tief in die Nacht hinein den Grill, im Winter serviert die Polar Bar Curry-Wurst oder Frühlingsrolle, vor allem aber jede Menge Glühwein und „Hot Caipi". Und das ganze Jahr über wird im Spa-Ambiente der Pariser Stararchitektin Andrée Putman eine leichte Cuisine à la Taboulé-Salat, Lachscarpaccio oder Thai-Curry angeboten. Der stimmungsvollste Moment dort oben erwartet einen zu Silvester. Dann kommen zur Mitternacht alle herauf und sehen zu, wie der Münchner Himmel rundum in Tausenden Farben explodiert: zahlende Gäste Schulter an Schulter mit vielen der Köche, Pâtissiers, Spüler und Kellner, die das ganze Jahr über dafür sorgen, dass dieses Haus mit seinem facettenreichen kulinarischen Angebot nicht nur in München, sondern in ganz Deutschland einzigartig ist."

vaults dating back to the 14th century still tell of the time of the salt trade. In the folksy *Palais Keller* guests sit at long wooden tables in rustic rooms and are served by waitresses in dirndls carrying huge beer steins. The menu includes Weißwurst, pork chops as well as more difficult to find Munich specialties. Munich locals make up 90 percent of the guests.

On the fifth floor at the *Blue Spa Lounge & Terrasse,* the 360-degree view over the city's rooftops is spectacular. In summer, the grill is hot until late at night; in winter, cooks serve curry-wurst and large amounts of Glühwein. New Year's Eve is a special time to be here, to watch the fireworks against Munich's skyline.

Restaurant *Garden* von Axel Vervoordt
Axel Vervoordt's Garden Restaurant

Zu Hause im Jazz

Jazzmusiker lieben den *Bayerischen Hof*. Das hat einen einfachen Grund: Der *Bayerische Hof* liebt Jazz, insbesondere seine Chefin Innegrit Volkhardt. Diese Leidenschaft blüht nicht im Verborgenen, sondern hat zahllose Konzerte im *Night Club* und im großen Festsaal zur Folge. Entsprechend lang und beeindruckend ist die Liste der Musiker, die bisher im *Bayerischen Hof* auftraten. Ein Auszug

AT HOME WITH JAZZ
Jazz musicians love the *Bayerischer Hof*. For a simple reason: The *Bayerischer Hof* loves jazz, especially the General Manager, Innegrit Volkhardt. This passion is no secret. It resulted in countless concerts in the *Night Club* and the large ballroom. And the list of musicians who have performed at the *Bayerischer Hof* is correspondingly impressive. An extract

Arto Lindsay · Dave Holland · Maceo Parker · Madeleine Peyroux · The Manhattan Transfer · Gonzalo Rubalcaba · Marc Ribot · Maria Jabot · Peter Erskin · Michael Brecker · Ravi Coltrane · Robben Ford · Rubén Blades · Steve Swallow · Trilok Gurtu · Tuck & Patti · Nils Landgren · Monty Alexander · Jack DeJohnette · Wynton Marsalis · Sonny Rollins · Lucky Peterson · Bill Frisell · Marisa Monte · Wolfgang Dauner · Erik Truffaz · Dino Saluzzi · Buddy Guy · Eddi Palmieri · Al Jarreau · Marcus Miller · Joe Sample · Mike Stern · Natalie Cole · James Blood Ulmer · Hiram Bullock · Ray Anderson · Carla Bley · Branford Marsalis · Betty Carter · Holy Cole · Charlie Haden · Scott Henderson · Ron Carter · Al Di Meola · John McLaughlin · Eberhard Weber · Bill Evans · Ralph Towner · Roy Ayers · Ray Brown · Harry Belafonte · John Scofield · Klaus Doldinger · Flora Purim · Pharoah Sanders · Otis Taylor · Oscar Peterson · George Gruntz · Albert Mangelsdorff · Joe Zawinul · Max Greger · Tito Puente · Ahmad Jamal · Lalo Schifrin · Georgie Fame · Richard Galliano · Fred Wesley · John Abercrombie · Kyle Eastwood · Benny Goodman · George Benson · Freddy Cole · Hugh Masekela · Airto Moreira · Arturo Sandoval · McCoy Tyner

Der *Blue Spa* Pool bei geöffnetem Dach
The Blue Spa *pool with retractable roof*

Die Dusche im *Blue Spa*
Shower at the Blue Spa

andrée PUTMAN

stand vor einer Premiere, als sie 2003 ihr erstes Projekt in München realisierte. Lampenschirme hatte die damals knapp 80-Jährige bis dahin gestaltet, Sonnenbrillen, Stühle, Geschäfte, auch ganze Hotels. Doch in München, am Promenadeplatz, genau genommen in der sechsten und siebten Etage des Hauses, entwarf die Innenarchitektin und Designerin erstmals einen Wellnessbereich, das *Blue Spa* auf dem Dach des *Bayerischen Hofs*.

Auch Innegrit Volkhardt schlug einen neuen Weg ein: Erstmals in der Geschichte des Hauses wurde ein internationaler Architekturwettbewerb ausgeschrieben. Putman war bereits über fünfzig, als sie die Karriere startete, die ihren Weltruf als „Grande Dame des gehobenen Geschmacks" begründete. „Warum Dinge ändern, die gut sind?", lautete ihr Credo damals, und so begann sie, Mitte der 70er-Jahre vergriffene Designklassiker wieder aufzulegen. 1978 gründete sie Ecart, ihr Designstudio, und wandte sich zunehmend dem Interiordesign zu, entwarf Shops für Balenciaga, Azzedine Alaïa und Karl Lagerfeld und die letzte komplette Ausstattung des Überschallflugzeugs Concorde, Besteck inklusive. Für Aufsehen sorgte die Französin, als sie 1984 in New York das Morgans Hotel konsequent in Schwarz/Weiß ausstattete und damit eine Blaupause für Boutique Hotels in der ganzen Welt kreierte. Das Schachbrettmuster war fortan ihr Markenzeichen.

Ihr Motto, wonach man Gutes nicht neu erfinden muss, wandte Putman auch an, als sie das *Blue Spa* gestaltete, für den das Haus eigens um eine Etage aufgestockt wurde. Um den bereits existierenden Pool kombinierte sie auf 1300 Quadratmeter Elemente aus Teakholz, Glas und Edelstahl, Kupferwände und dunkelgrauen Granit. „Wir haben versucht, Materialien zu verwenden, die Ruhe ausstrahlen, auch eine gewisse Bescheidenheit, da eignet sich bearbeiteter Granit besonders. Dazu kommen überraschende Elemente, etwa italienische Mosaikarbeiten und dekorative Steinchen." Heraus kam dabei viel mehr als ein einzigartiges Spa, wie Putman selbst fand: „Einer der schönsten Orte Münchens mit einem Blick, der an ein Gemälde erinnert."

Andrée Putman had taken on a new kind of challenge in her first project in Munich in 2003. Up to that point, the then 80-year-old had designed lampshades, sunglasses, chairs, shops, even entire hotels.

In Munich, she had been asked to create a wellness center, the *Blue Spa,* at the *Bayerischer Hof.* Innegrit Volkhardt was also charting a new course by holding an international architecture competition for the first time in the hotel's history. Putman was already over 50 when she started the career that gave her an international reputation as the Grande Dame of Good Taste. "Why change things that are good?" was her motto. She founded Ecart, her design studio, in 1978 and created shops for Balenciaga, Azzedine Alaïa and Karl Lagerfeld as well as the last full décor for the Concorde supersonic jet. Putman caused a stir in 1984 when she decorated the Morgan Hotel in New York all in black and white, creating a blueprint for boutique hotels all over the world. The checkerboard pattern became her trademark. For the *Blue Spa* an entire floor was added on top of the building. She combined elements of teak, glass and stainless steel, earth-toned tiles, copper walls and charcoal granite around the existing pool. The result was in Putman's own words, it's "one of Munich's most beautiful places with a look reminiscent of a painting."

„DAS BLUE SPA IST
einer der schönsten Orte Münchens
MIT EINEM BLICK,
DER AN EIN
GEMÄLDE ERINNERT."

Ruhe auf Granit
Wintergarten, Dampfbad, Terrasse, Ruheraum,
alles entworfen von Andrée Putman

Quiet on granite
*Andrée Putman designed it all: wintergarden,
steam bath, terrace, relaxation room.*

Randfigur
Bademodenschau am Pool 1965

On the fringe
Swim suit fashion show at the pool 1965

Showroom
Gottschalks Wohnzimmer, ein Mix aus Designmöbeln und privaten Erinnerungen

Showroom
Gottschalk's living room: a mix of designer furniture and private memorabilia

THOMAS GOTTSCHALK

genießt das Privileg bei seinen Aufenthalten in München in einer Suite zu wohnen, die seine Frau Thea mit seiner Unterstützung gestaltet hat und die seinen Namen trägt.

Überlebensgroß
Das Porträt, entstanden für *Wetten, dass..?*, über dem Bett in der Gottschalk-Suite

Larger than life
The portrait, created for the show "Wetten das?", above the bed in the Gottschalk Suite

Der Entertainer und Fernsehmoderator erzählt hier von seinem Lieblingsort im *Bayerischen Hof*.
„Das Restaurant *Garden* hat mir Innegrit Volkhardt unterm Hintern wegrenoviert. Dort, wo früher der plüschige Wintergarten mit den Vogelmotiv-Vorhängen war und mir Kellner im weißen Smoking Seezunge serviert haben, tanzen jetzt Männer in blauen Schürzen zwischen Metallträgern herum. Sie sehen aus wie Speditionsarbeiter im Möbellager, die Säulen sind künstlich angerostet – modern eben und ein voller Erfolg bei den Gästen. Auch ich muss inzwischen zugeben, dass die Blümchentapete ihre Zeit hinter sich hatte.

Ein anderer meiner Lieblingsplätze ist noch genau so, wie er schon immer war, das *Trader Vic's*, das polynesische Restaurant. Es befindet sich im Keller, weswegen es der neue Designer bisher nicht gefunden hat. Ich bin da gern. Es gibt dort einen Pfauenthron, von dem man einen anderen Tisch gut im Blick hat, an dem jeweils der Stargast des Abends in einer Ledernische sitzt. Damals, Mitte der 70er-Jahre – ich hatte gerade meine

Thomas Gottschalk stays in a suite bearing his name whenever he visits Munich. The entertainer reveals his favorite spots at the Bayerischer Hof.
"Innegrit renovated the cozy *Garden* restaurant so to speak under my butt: Its bird-patterned curtains and waiters in white tuxedoes have been replaced by men in blue aprons dodging faux-rusted metal pillars. It's modern and a total success with guests.

Another of my favorite spots hasn't changed at all, *Trader Vic's,* the Polynesian restaurant. It's in the basement, so the new designer hasn't found it yet. There is a 'peacock throne' with a good view of another table, where the evening's star guest sits in a leather booth. In the mid-70s, when I was just starting out on TV, I sat on the peacock throne and peeked at the seat of honor. There sat the unchallenged king of show business, Peter Alexander, with his wife. I watched a waiter break open an egg, fiddle with some garlic and rub it around like a chemist. Here was Alexander the Great! I had never seen him in person but he

ersten Schritte im Fernsehen gemacht – saß ich auf dem Pfauenthron und linste rüber in die Lederecke. Da saß der König des Showbusiness Peter Alexander mit seiner Frau Hilde, genannt Schnurrdiburr. Ich beobachtete, wie ein freundlicher polynesischer Kellner mit einer riesigen Schüssel erschien. Der schlug ein Ei auf, hantierte mit Knoblauch und rieb da herum wie ein Apotheker. Mein Interesse muss auffällig gewesen sein: Alexander der Große! Ich hatte ihn noch nie live gesehen, noch nie mit ihm gesprochen, aber er schien auch mich erkannt zu haben, denn er winkte mich zu sich herüber, stellte sich vor, und sagte, er betrachte mein Wirken mit großer Sympathie. Ich versicherte ihn ebenfalls meiner Verehrung, zitierte aus seiner *Telefonbuch-Polka,* die er Georg Kreisler geklaut hatte und mit der er damals auftrat, und sang eins seiner Lieder an: *Wie Böhmen noch bei Österreich war* – die Platte hatten wir zu Hause gehabt, ich kannte alle Songs auswendig. Als Dankeschön für die Verneigung lüftete Peter Alexander das kulinarische Geheimnis: Das *Trader Vic's* im *Bayerischen Hof* war damals das einzige Restaurant in Deutschland, in dem er seinen geliebten Caesar's Salad bekam, den er von Angeltouren in Florida kannte. Inzwischen darf ich im *Trader Vic's* in der Ledernische sitzen und sehe den Pfauenthron aus der anderen Richtung. Caesar's Salad gibt es jetzt überall, einen Peter Alexander nicht mehr."

„ICH LINSTE RÜBER IN DIE LEDERECKE. *Da saß der König des Showbusiness,* PETER ALEXANDER."

recognized me, waved me over, introduced himself and said he enjoyed my work. I assured him I was a fan, quoting his "phone book polka" and singing one of his songs. We had the record at home and I knew it by heart. In return for my devotion, Alexander revealed a culinary secret: In those days, *Trader Vic's* in the *Bayerischer Hof* was the only restaurant in Germany where he could get his beloved Caesar salad, a taste he had acquired on fishing trips to Florida. Today, I'm allowed to sit in the leather booth and see the 'peacock throne' from the other side. Caesar salad is everywhere now, but there won't ever be another Peter Alexander."

Ein Spatz auf dem Pfauenthron
Mireille Mathieu und ihr Produzent Christian Bruhn (o.).
Rechts die Bar im *Trader Vic's*

A sparrow on the peacock throne
Mireille Mathieu and her agent Christian Bruhn (above).
To the right: the bar in *Trader Vic's*

Eingang zum Dachgarten
Entry to the roof garden

dietmar MÜLLER-ELMAU

pachtete Ende der 90er-Jahre, nach dem Verkauf seiner Softwarefirma Fidelio, von seiner Familie das am Fuß des Karwendelgebirges gelegene Schloss Elmau.

Sein Großvater, der Theologe und Philosoph Johannes Müller, ließ es 1916 für seine Leser errichten. Nach einem Großbrand und dem weitgehenden Abriss im Jahr 2005 erwarb Mueller-Elmau die Mehrheit der Anteile der Eigentümergesellschaft und baute Schloss Elmau als Fünf-Sterne-Hotel & Spa wieder auf. Wie Innegrit Volkhardt ist Dietmar Müller-Elmau ein großer Jazzfan, im Gegensatz zu ihr leitet er aber nicht das Tagesgeschäft, sondern beschäftigt sich seit der erfolgreichen Eröffnung vor sieben Jahren vornehmlich mit Fragen der architektonischen und konzeptionellen Neu- und Weiterentwicklung. Als Hotel im Hotel entsteht derzeit das Schloss Elmau Retreat & Spa.

Herr Müller-Elmau, Schloss Elmau und der Bayerische Hof *sind viel mehr als Luxushotels, beide haben einen ganz eigenen Charakter. Schloss Elmau nennt sich „Luxury Spa & Cultural Hideaway". Wie wichtig ist es für Häuser dieser Kategorie, eine Idee zu verfolgen, die über das komfortable Übernachten hinausgeht?*
Das halte ich für wahnsinnig wichtig, ich nenne das „food for thought", Angebote für den Kopf. Nicht nur schöne und interessante Leute treffen, sondern etwas anbieten, worüber man reden kann. Früher war Schloss Elmau mit seinem kulturellen Programm ein Außenseiter. Heute ist es mit den Jazzkonzerten, Kammermusikabenden, Lesungen und politischen Vorträgen für viele Häuser Vorbild. Doch funktionieren wird es nur dort, wo es einen Eigentümer oder Investor gibt, dem das ein Bedürfnis ist. Innegrit Volkhardt veranstaltet Jazzkonzerte nicht, um das Haus zu füllen, sondern weil sie Jazz liebt und er Teil ihres Lebens ist. Für mich ist Musik und Literatur Lebensgrundlage, deshalb kann ich mir nur ein Hotel vorstellen, das um einen Konzertsaal und eine Buchhandlung herum gebaut ist. Nur aus Kalkül 10 000 Bücher anzuschaffen und in Regale zu stellen: Das hat null Wirkung.

In den letzten beiden Jahrzehnten spielte in der Hotellerie Design eine herausragende Rolle, viele große Designer gestalteten Etagen oder ganze Häuser. Ist diese Entwicklung am Ende angekommen?
Vom Prinzip der Vereinheitlichung – in jedem Zimmer eine Neonlampe – haben sich viele sogenannte Designhotels inzwischen wieder verabschiedet. Und stattdessen die Eigentümer dieser Hotels in den Mittelpunkt ihrer Werbung gestellt. Innegrit Volkhardt ist für mich der Inbegriff des individuellen Hoteliers, der *Bayerische Hof* das Prachtexemplar eines Hotels, das für maximale Individualität steht und rücksichtslos gegenüber jeder Art von Zeitgeschmack ist. Die Individualisierung wird zunehmen, auch große Ketten sehen darin die Zukunft.

Sie erwarten das Ende der Uniformität?
Genau. Design ist tot, wenn es Uniformität bedeutet. Hotels, die darauf setzen, sehen nach einem Jahr altmodisch aus. Hotels sind Orte des Fremdenverkehrs, das heißt der Vermischung. Heterogenität ist die Maßgabe für jedes erfolgreiche Hotel.

Je größer die Vielfalt desto besser?
Es gibt Hotels, da sieht jedes Zimmer gleich aus. Habe ich eins

He leased Schloss Elmau, built in 1916, from his family after selling his software company Fidelio in the late 90s. After a major fire and demolition of the ruins in 2005, he rebuilt Schloss Elmau as a five-star hotel & spa. Since its opening, he has devoted himself to its architecture and design and to imagining what should come next.

Mr. Müller-Elmau, Schloss Elmau and the Bayerischer Hof *are more than just luxury hotels. Both have their own distinctive personality. Schloss Elmau is a Luxury Spa & Cultural Hideaway. How important is it for such hotels to adopt a concept that extends beyond a comfortable night's sleep?*
I think it's tremendously important to offer what I call "food for thought." Initially, Schloss Elmau was considered a curiosity with its cultural programs. Now its jazz concerts, chamber music evenings, readings and political speeches are a model for other resorts. But this approach only works where the owner or investor feels such activities are a necessity. Innegrit Volkhardt organizes jazz concerts not to fill the hotel, but because she loves jazz. Music and literature are fundamental to my life. As a result, I can only imagine a hotel that is built around a concert hall and book store.

In the last two decades, design has played a prominent role in the hotel industry. Many major designers are asked to create floors or even whole buildings. Has this development reached its limits?
The uniformity principle has already been abandoned by many so-called designer hotels. Instead, the owners of these hotels have become the focus of their advertising. To me, Innegrit Volkhardt is the epitome of the individual hotelier, and the *Bayerischer Hof* is a showpiece hotel that stands for maximum individuality and ruthlessly avoids catering to popular taste. Individualization will increase and even the big chains see it as their future.

The more diversity the better?
That's right. If design means everything looks the same, it's dead. Hotels are places filled with strangers, and that means diversity – the standard for every successful hotel. There are hotels where all the rooms are identical. Why should I go to a hotel like that? The *Bayerischer Hof*, like Schloss Elmau, has 50 different room types. Even rooms in the same category are not the same. For guests, that means a new adventure every time. The Bayerischer Hof is so successful as a city hotel because it celebrates diversity – a

gesehen, habe ich alle gesehen. Warum soll ich in ein solches Hotel gehen? Der *Bayerische Hof* hat wie Schloss Elmau auch 50 verschiedene Zimmertypen. Für den Gast bedeutet das jedes Mal ein Abenteuer: Wo lande ich diesmal? Selbst die Zimmer der gleichen Kategorie gleichen sich nicht. Als Stadthotel ist der *Bayerische Hof* so erfolgreich, weil er Vielfalt zelebriert. Viele Welten in einer Welt, eine Stadt verdichtet in einem Haus. Die Liebe für das Urbane, Fremde, und das Verspielte, das eint Schloss Elmau und den *Bayerischen Hof,* nicht das starre Durchhalten eines Designprinzips.

Wie lässt sich vermeiden, dass Vielfalt in Beliebigkeit mündet?
In Elmau verhindert das die Einheitlichkeit des Lichts. Modernes Design fordert Homogenität von Materialität und Vielfalt von Licht. Ich habe es umgekehrt gemacht. Die Welt, in der wir leben, ist für jeden verschieden, aber das Licht von Sonne und Mond ist für uns alle gleich. Das ist das Designkonzept von Elmau, und das bestaunen inzwischen berühmte Architekten.

whole city condensed into one building. Love of the urbane, foreign and playful is what unites Schloss Elmau and the *Bayerischer Hof,* not blind adherence to design principle.

How can you keep diversity from becoming arbitrary?
Modern design insists on homogeneity of materials and versatility of light. The world we live in is different for each of us, but sunlight and moonlight are the same for all of us. Uniformity of light is the Elmau design concept.

What themes besides individualization and diversity will be important for luxury hotels? Sustainability?
If we only knew what sustainability meant! I consider timelessness to be very important for a hotel. People go to a hotel to relax, withdraw, stop the clock. When you

Zimmer im Kolonialstil
Room in Colonial style

Zeitreisen
Die Trauminsel-Suite mit Himmelbett (o.), die Paris Suite im Belle-Époque-Stil (u.), beide gestaltet von Filmarchitekt und Oscarpreisträger Rolf Zehetbauer

Time Travel
Above: The Island of Dreams suite with canopy bed; below: the Paris Suite in the Belle Epoque style; both designed by production designer and Oscar winner Rolf Zehetbauer

Welche Themen neben Individualisierung und Vielfalt werden künftig für Luxushotels von Bedeutung sein? Nachhaltigkeit?
Wenn man wüsste, was Nachhaltigkeit bedeutet! Ich halte den Begriff der Zeitlosigkeit für das Selbstverständnis eines Hotels für extrem wichtig. Menschen, die in ein Hotel gehen, wollen für kurze Zeit aus der Zeit austreten. Ausruhen, sich zurückziehen, Zeit anhalten. Wenn Sie im Four Seasons in New York in der Lobby stehen, hat das sakralen Charakter, es fühlt sich an, als befände man sich in einer Kathedrale, obwohl das Leben ringsum tobt.

Das Hotel als Fluchtpunkt?
Ja. Zum einen geht man dorthin zum Übernachten, um jemanden zu treffen, oder um Ruhe zu finden. Zugleich braucht man aber auch Anregung und Inspiration. Diese beiden Bedürfnisse muss ein Hotel verknüpfen, das Zeitlose und das Zeitgemäße. Wenn sich etwas nur in den Zeitgeist einfügt, wird es sehr kurzlebig sein, nach meiner Definition ist es dann auch nicht nachhaltig. Wenn ich will, dass etwas langlebig ist, muss ich über die Zeit hinaus denken. Beides zu verbinden, darauf kommt es an.

Architektur und Interiordesign von Hotels war immer auch ein Blueprint für Wohnarchitektur. Wird das so bleiben?
So ist es überall auf der Welt. Zu uns kommen ständig Gäste mit Architekten und Plänen und fragen: Woher kommt dieser Stein, diese Lampe? Der Stoff von Andrew Martin mit den Elefanten, den es auch im *Bayerischen Hof* gibt, ist der meistgeklaute und meistgekaufte Artikel von Schloss Elmau.

In Schloss Elmau wird geklaut?
Je mehr geklaut wird im Hotel, desto besser ist das Hotel. Was gut gemacht ist, wollen die Leute eben mitnehmen. Mittlerweile haben wir einen Shop, wo man alles kaufen kann. Auch den Stoff von Andrew Martin.

Lässt sich der Service in Luxushotels noch steigern?
An Achtsamkeit fehlt es immer. Je größer das Hotel, um so größer die Herausforderung.

Auf der Website von Schloss Elmau verwenden Sie den Begriff „entspannter Luxus". Was bedeutet das?
Es gibt Luxushotels, die den Gast alle drei Minuten fragen, ob er etwas trinken will. „Casual luxury" meint das Gegenteil: Unaufdringlichkeit, aber nicht Unachtsamkeit, vor allem nicht diesen gnadenlosen Willen zur Perfektion. „Casual" bedeutet auch, Fehler in Kauf zu nehmen. Mir ist es hundertmal wichtiger, ein Mädchen lächelt mich an und hat einen Fehler gemacht, als dass jemand keinen Fehler macht und mich nicht anlächelt. Humor und Understatement ist der größte Luxus, den wir haben. Einem Gast, der sich beschwert, sage ich: Gott sei Dank haben Sie was gefunden. Stellen Sie sich vor, es wäre das perfekte Hotel, dann haben Sie nur noch Ihre eigene

stand in the lobby of the Four Seasons Hotel in New York, it feels like you're in a cathedral – with the city bustling around you.

The hotel as an escape?
Yes. You go there to spend the night, meet someone or get some rest. But at the same time, you want excitement and inspiration. A hotel has to combine these two needs, the experience of both timelessness and timeliness. If a place only reflects the zeitgeist, it will be very short-lived. For something to be long-lived, I have to think of both aspects of time and combine the two.

Hotel architecture and interior design have always been models for residential architecture. Will that continue?
It's like that everywhere. Guests constantly come to us with architects and plans: Where does that stone come from, who makes that lamp? The elephant cloth designed by Andrew Martin is the most stolen and most purchased article at Schloss Elmau.

Do people steal from Schloss Elmau?
The more people steal from a hotel, the better the hotel. People want to take home things that are done well. In fact, we've opened a shop where you can buy everything, including the Andrew Martin cloth.

On the Schloss Elmau website you use the term "casual luxury." What does that mean?
There are luxury hotels where guests are asked constantly if they want anything. "Casual luxury" is exactly the opposite: unobtrusiveness but not a lack of interest. "Casual" also means tolerating mistakes. Humor and understatement are the biggest luxury we have. That's what casual means: Take it easy.

Is casual luxury the highest form of contemporary luxury?
We have completely redefined luxury because of the children who come to Elmau. Children destroy every form of hierarchy and break all the rules. That creates challenges for a hotel. It's important that you treat children as our guests' most valuable possessions.

How much do you care about the lifestyle of your guests?
I don't really think about that. The hotel has to please me first. If it doesn't work for me, it won't work for anybody else. I only think about what I would like and the circle of people I know and their interests and needs. I don't think about people I don't know or read market studies about them. I think that is crazy.

„INNEGRIT VOLKHARDT *VERANSTALTET JAZZKONZERTE* NICHT, UM DAS HAUS ZU FÜLLEN, SONDERN WEIL SIE JAZZ LIEBT UND ER *TEIL IHRES LEBENS* IST."

Unvollkommenheit, mit der Sie sich auseinandersetzen müssen. Das meint „casual, take it easy".

Ist „casual luxury" die höchste Form von zeitgemäßem Luxus?
Durch die vielen Kinder, die mit Ihren Eltern nach Elmau kommen, haben wir Luxus völlig neu definiert. Kinder eliminieren jede Art von Hierarchie und brechen Regeln. Das stellt ein Hotel vor Herausforderungen, etwa im Umgang mit den Gästen. Es ist wichtig, dass man die Kinder nicht behandelt wie nicht zahlende Gäste, sondern als das Wertvollste, was unsere Gäste haben. Sie brauchen größte Aufmerksamkeit und Achtsamkeit. Wenn Sie Mitarbeitern erklären, wie wichtig Kinder für die Gäste sind, dann wird der Umgang viel menschlicher und nicht so geschäftlich.

Wie groß muss die Schnittmenge des Lifestyles der Gäste und einem Haus wie Schloss Elmau sein?
Solche Fragen beschäftigen mich nicht. Es muss nur mir gefallen, sonst niemandem. Ich bin reiner Egoist, wenn es mir nicht gefällt, warum soll es jemand anderem gefallen? Wenn ich mich hier nicht wohlfühle, kann sich auch kein Gast wohlfühlen. Ich sage auch meinen Direktoren: Verbiegt euch nicht, wir müssen immer zu hundert Prozent zu dem stehen, was wir machen.

Sie machen sich über die möglichen Bedürfnisse des Gastes keine Gedanken?
Nein, ich denke nur an mich. Und an den Kreis von Menschen, den ich kenne. Mit all ihren Interessen und Bedürfnissen. Was soll ich mir Gedanken machen über Menschen, die ich nicht kenne? Eine Marktstudie lesen, was die denken? Das ist doch total verrückt.

Suite 725

Swing Time
Jazzlegende Benny Goodman 1970 bei einem Galaabend im *Bayerischen Hof*

Swing Time
Jazz legend Benny Goodman 1970 at his gala evening in the **Bayerischer Hof** *in 1970*

Liebe Frau Volkhardt,
lieber Herr Mertl,
liebes Team des Hotels Bayerischer Hof,
seit zehn Jahren sind meine Frau und ich regelmäßig zu Gast in Ihrem Hotel. Wir kennen jeden von Ihnen und Sie kennen uns, das macht eine ganz besondere Beziehung und Atmosphäre aus.
Wir sind sehr dankbar für Ihre Aufmerksamkeit und Hilfsbereitschaft! Bei Ihnen fühlen wir uns

Mariss Jansons

ist seit 2003 Chefdirigent des Symphonieorchesters des Bayerischen Rundfunks. Während seiner Aufenthalte in München wohnt er seither im *Bayerischen Hof*.

schon fast wie zuhause und unsere Gefühle für München sind eng verbunden mit dem Bayerischen Hof und seinen Mitarbeitern.
Wir wünschen dem Hotel für die Zukunft weiterhin viel Erfolg, Noch-besser-werden und die Erfüllung vieler neuer, interessanter und wichtigen Ideen!
Mit großer Dankbarkeit,
Irina und Mariss Jansons

Am Pult
Mariss Jansons bei einem Konzert mit dem Symphonieorchester des *Bayerischen Rundfunks*

At the stand
Mariss Jansons is a regular at the Bayerischer Hof. He lives there whenever he comes to rehearsals and concerts to the city on the river Isar.

„Daheim in St. Petersburg bin ich vielleicht zwei Monate im Jahr – aber nicht am Stück, sondern immer mal wieder ein bis zwei Wochen. Ansonsten bin ich unterwegs und das seit Jahrzehnten. Ich denke, ich kenne den größten Teil der führenden Hotels weltweit. Wo immer ich als Chefdirigent war, habe ich im Hotel gelebt. In Oslo beispielsweise – da war ich von 1979 bis 2002 engagiert – hatten wir zwar einmal für kurze Zeit eine Wohnung, haben sie aber bald wieder aufgegeben und sind ins Hotel zurückgekehrt. Das ist vermutlich eine psychologische Sache bei mir: Um eine Wohnung muss man sich kümmern, man muss den Alltag organisieren, die Wäsche, das Essen. Und selbst wenn das natürlich in erster Linie meine Frau erledigen würde – es kostet Zeit. Zeit, die dann nicht mehr für die Musik zur Verfügung steht.

Als ich im Herbst 2003 Chefdirigent des BR-Symphonieorchesters wurde, habe ich erstmals im *Bayerischen Hof* übernachtet. Und komme seitdem immer wieder. Bin ich in München, wohne ich hier. Etwa zehn Wochen im Jahr, verteilt auf fünf bis sechs Aufenthalte. Für mich ist dieses Haus deshalb längst zu einer Art Heimat geworden. Ein Grund dafür sind all die herzlichen und hilfsbereiten Menschen, denen ich hier begegne, – und zwar wirklich jeder einzelne, vom Mitarbeiter an der Rezeption über das Zimmermädchen bis hin zur Bedienung im Restaurant oder im Café. Ich fühle mich bei allen sehr gut aufgehoben.

Viele Musiker gehen nach einem Konzert noch gemeinsam in ein Restaurant. Früher war ich auch so. Ich erinnere mich an wirklich schöne Abende und Nächte! Heute, in meinem Alter, bin ich dafür zu erschöpft, zu müde. Zudem möchte ich um diese Uhrzeit nichts mehr essen – das ist weder gesund noch hilfreich beim Einschlafen. Unmittelbar nach einem Dirigat fahre ich also zurück ins Hotel. Trotzdem kann ich dann natürlich noch nicht ins Bett gehen, weil mein Adrenalinspiegel noch viel zu hoch ist. Ich schaue dann fern. Spielfilme mag ich sehr. Und Fußball!

Im Lauf der Jahre hat sich herausgestellt, dass meine Frau und ich vier konkrete Zimmer besonders mögen – und unter diesen wiederum die bereits erwähnte Lieblingssuite haben. Wann immer es möglich ist, wohnen wir in ihr. Sie ist perfekt auf meine Bedürfnisse zugeschnitten: Das Wohnzimmer ist groß und hell, mit viel Licht, und hat einen großen, guten Tisch, an dem ich meine Partituren studieren kann – ich reise immer mit viel Gepäck und habe bisweilen ein, zwei Koffer nur mit Notenmaterial dabei. Zudem hat es zwei Sofas und deshalb ausreichend Platz, damit ich zum Beispiel mit dem Orchester-Management und anderen auch einmal Besprechungen abhalten kann. Es hat Tage gegeben, an denen wir hier bis weit nach Mitternacht gesessen sind, Konzerte konzipiert und Pläne geschmiedet haben.

Treffen in meinem Zimmer sind aber natürlich die Ausnahme. Denn vor allem suche – und finde – ich im *Bayerischen Hof* besonders eins:

He has been the Principal Conductor of the Bavarian Radio Symphony Orchestra since 2003. Whenever he comes to Munich, he resides at the Bayerischer Hof.

"I'm at home in St. Petersburg maybe two months a year – mostly for one to two weeks at a time. I'm constantly on the road and have been for decades. I know most of the best hotels in the world. Wherever I have conducted, I've lived in a hotel. In Oslo – where I was from 1979 to 2002 – we had an apartment briefly, but soon gave it up and returned to hotel living. It's probably a psychological thing. You have to look after an apartment, plan and organize things like laundry and groceries. My wife takes care of most of that, but it takes time you can't devote to music.

I stayed at the *Bayerischer Hof* for the first time when I became Principal Conductor of the BR Symphony Orchestra in 2003, and since then I've been a faithful guest. If I'm in Munich, that's where I stay. The place has become a second home, partly because of the cordial and helpful people I encounter here.

It's common for musicians to go out to a restaurant together after a concert. I used to do it, too, but at my age I'm simply too exhausted. After conducting, I go straight back to the hotel. Of course, I can't go right to sleep because my adrenaline level is still too high. I watch TV, preferably movies and soccer!

Over the years, my wife and I have found four particular rooms that we prefer – including our favorite suite. Whenever possible, that's where we stay. It's perfectly suited to my needs: The living room is large, has plenty of light and a big table where I can study my scores. I travel with lots of luggage and a couple of suitcases filled only with music. The suite has two couches, so there is enough room for meetings.

Of course meetings in my room are the exception. What I treasure most at the *Bayerischer Hof* is the quietness. I can live there quietly, undisturbed and concentrate fully on music. My days in Munich are ruled by work: I leave in the morning for rehearsals and concerts, plus meetings and conversations, and return at night. What I need is a room where I can unwind, relax, one with good energy so I can recharge my batteries. I've found all of that in my favorite suite – my home in Munich."

Ruhe. Hier habe ich die Möglichkeit, ungestört und zurückgezogen zu leben und mich ganz auf die Musik konzentrieren zu können. Meine Tage in München bestehen ausschließlich aus Arbeit: Ich verlasse das Hotel am Morgen, habe Proben und Konzerte, Treffen, führe viele Gespräche und kehre am Abend oder nachts zurück. Deshalb brauche ich persönlich ein Zimmer, in dem ich entspannen und relaxen kann. Und das mit einer guten Energie ausgestattet ist, damit ich mich in ihm regenerieren kann. All das habe ich in meiner Lieblingssuite gefunden – meinem Münchner Zuhause."

»BIN ICH IN MÜNCHEN, WOHNE ICH HIER. *Für mich ist dieses Haus längst* EINE ART HEIMAT.«

Die Treppe zur Empore
The stairs to the gallery

EDMUND STOIBER

war von 1993 bis 2007 Bayerischer Ministerpräsident, acht Jahre lang Vorsitzender der CSU und 2002 Kanzlerkandidat der Union. Am Promenadeplatz war er regelmäßig Gast bei zahlreichen Veranstaltungen, insbesondere beim Filmball und der Sicherheitskonferenz. Hier erklärt Edmund Stoiber die Rolle des *Bayerischen Hofs* in der bayerischen Geschichte.

Herr Dr. Stoiber, erinnern Sie sich noch, bei welcher Gelegenheit Sie zum ersten Mal Gast im Bayerischen Hof *waren?*
Das war Mitte der 60er-Jahre, ein Studienkollege lud mich zu einer Feier ein. Es war ein großer Ball, ich war dort mit meiner damaligen Verlobten und heutigen Frau. Bis dahin kannte ich den *Bayerischen Hof* nur von außen.

Heute steht der Bayerische Hof *in der öffentlichen Wahrnehmung insbesondere für zwei Veranstaltungen: den Filmball und die Sicherheitskonferenz. Sie kennen beide gut, waren häufig zu Gast. War der Filmball für Sie mehr Verpflichtung oder Vergnügen?*
Ich bin da immer gerne hingegangen, auch als Ministerpräsident, um deutlich zu machen, dass der Filmball nach München und in den Bayerischen Hof gehört. München ist nach dem Zweiten Weltkrieg durch die Teilung Deutschlands und durch die besondere Situation Berlins Filmstadt geworden und war für viele Jahre die Filmhauptstadt Deutschlands. Franz Josef Strauß hob dann den Bayerischen Filmpreis aus der Taufe am Vorabend des Filmballs, der heute nationalen und internationalen Rang hat. Nach der Wiedervereinigung gab es Bestrebungen, den Filmball nach Berlin zu holen, um die Filmstadt Berlin in den Mittelpunkt zu rücken. Ich habe mich immer für den *Bayerischen Hof* stark gemacht, weil die leichtlebige münchnerische Atmosphäre mit dem internationalen Anspruch eine einmalige Mischung ist. Das ist in einer anderen Stadt so nicht möglich. Der Filmball wurde somit eine der großen internationalen Veranstaltungen in München.

Die Sicherheitskonferenz verfolgen Sie ebenfalls seit langer Zeit. Seit der Wende hat sie enorm an Bedeutung gewonnen. Warum?
Seitdem das Thema Sicherheit über das Militärische hinaus interpretiert wird, ist die Sicherheitskonferenz eines der ganz großen Ereignisse, das weltweit beobachtet und kommentiert wird. Die Konferenz versammelt praktisch alle Repräsentanten, die gerade im Brennpunkt sind, egal, ob das Iran, Irak, China, Pakistan oder Russland betrifft. Eine solche Veranstaltung gibt es nirgendwo sonst auf der Welt.

Zeitweise war die Sicherheitskonferenz in München sehr umstritten.
Es gab Phasen, etwa im Irakkrieg, wo bis zu 25 000 Menschen gegen die Konferenz demonstrierten. Das war wirklich schwierig, doch dass die Demonstrationen friedlich verlaufen sind, die Konferenz nicht beeinträchtigt wurde und man trotz der Demonstrationen nicht an den Stadtrand gewichen ist, hat bei Amerikanern und vielen anderen Eindruck gemacht.

Was zeichnet den besonderen Charakter der Konferenz aus?
Insbesondere die Möglichkeit, kurzfristig Termine zu Gesprächen zu vereinbaren. Das ist in dieser Dichte einmalig. Hier spricht ja von der Topebene bis zur dritten Ebene jeder mit jedem. Außerdem ist die Sicherheitskonferenz ein großer Umschlagplatz von Meinungen. Wenn ich etwa an den Auftritt denke von Donald Rumsfeld und

Edmund Stoiber was Governor of Bavaria from 1993 to 2007, head of the CSU for eight years and chancellor candidate in 2002. He has regularly attended events at the Bayerischer Hof *and explains the hotel's role in Bavarian history.*

Dr. Stoiber, when did you first visit the Bayerischer Hof*?*
It was the mid-1960s, a friend invited me to a huge ball there. And I attended with my then fiancé and now wife.

Today the Bayerischer Hof *is known for two events in particular: the Film Ball and the Security Conference. You know both well and attended them often. Was the Film Ball a pleasure or obligation?*
I always enjoyed going there to emphasize that the Film Ball belongs to Munich and the *Bayerischer Hof*. After World War II, Berlin's situation made Munich Germany's film capital. Franz Josef Strauß launched the Bavarian Film Prize, which is now respected internationally. After reunification, there were efforts to bring the Film Ball to Berlin. I always campaigned heavily for the *Bayerischer Hof*, because Munich's easy-going atmosphere with international flair is a unique mixture. So the Film Ball became one of the major international events in Munich.

You've also been following the Security Conference for a long time. Since the start of this century, it's become even more important. Why?
Since the topic of security expanded beyond the military, the Security Conference has become a major event, drawing worldwide attention. It gathers representatives from practically every country currently in the spotlight, whether it's Iran, Iraq, China, Pakistan or Russia.

At times the Security Conference in Munich has been very controversial.
There were periods, during the Iraq war for instance, where many people protested the Conference. That was really difficult, but the fact that demonstrations were peaceful and the Conference was not impacted made an impression on the Americans and many others.

What makes the Conference unique?
The opportunities for meetings on short notice, there's nothing else like it. Everyone talks to everyone. Moreover, the Security Conference is a great

Joschka Fischer: „I'm not convinced", das war ein Meilenstein. Oder Putins Rede 2007. Das bleibt in Erinnerung. Oder als Bundespräsident Joachim Gauck zum ersten Mal gefordert hat, Deutschland müsse seiner Verantwortung für den Frieden in der Welt gerecht werden. Das sind Meilensteine, die vor 30 Jahren nicht vorstellbar gewesen sind.

Gehen wir zurück in die Geschichte. Der Bayerische Hof *wurde im Auftrag von König Ludwig I. nach Plänen von Friedrich von Gärtner erbaut. Abgesehen von zahlreichen Klenze- und Gärtner-Bauten, die das Stadtbild Münchens prägen: Welche Rolle spielt das Königreich Bayern noch für das heutige Selbstverständnis Münchens?*
Dass ein Königshaus wie die Wittelsbacher in Bayern vom 12. Jahrhundert bis zu Beginn des 20. Jahrhunderts regierte, also fast 800 Jahre, das ist außergewöhnlich in Europa. Kein anderer Teil Deutschlands hat eine solche Geschichte, das Selbstbewusstsein Bayerns ist eine Folge dieser Kontinuität. Insbesondere die Noblesse, die die Wittelsbacher

place for trading opinions. When I think of Donald Rumsfeld's appearance and Joschka Fischer's "I'm not convinced," that was unprecedented. Or Putin's speech in 2007. Or when German President Joachim Gauck demanded that Germany live up to its responsibilities for world peace. These are all milestones.

Let's go back in history. The Bayerischer Hof *was commissioned by Ludwig I. Aside from the buildings that shape Munich's cityscape, what role does the Kingdom of Bavaria still play for Munich's modern identity?*
The Wittelsbachs ruled Bavaria from the 12th century to the beginning of the 20th, almost 800 years, that's extraordinary in Europe. Bavaria's confidence is a result of this continuity. The House of Wittelsbach's nobility still shapes Munich's identity. After the ab-

Kulturgespräch
Edmund Stoiber (2. v. l.) mit Frau Karin (l.), Steffen Kuchenreuther mit Soo Leng

Cultural dialogue
Edmund Stoiber (2nd from l.) with his wife Karin (l.), Steffen Kuchenreuther with Soo Leng

Gesprächskultur
Edmund Stoiber (l.) auf der Sicherheitskonferenz mit Wolfgang Reitzle

Talking Culture
Edmund Stoiber (l.) at the Security Conference with Wolfgang Reitzle

auszeichnete, prägt das Selbstverständnis Münchens bis heute. Nach der Abdankung 1918 war das Königshaus angenehm zurückhaltend und nie in irgendwelche Skandale verwickelt. Auch deshalb werden die Wittelsbacher bis heute in Bayern geachtet.

Seit den 70er-Jahren gehört das Palais Montgelas zum Bayerischen Hof. *Graf Montgelas ist eine wichtige Figur in der Bayerischen Geschichte …*
… der Vater des modernen Bayern.

Das Palais, das er in Auftrag gegeben hat, steht für barocke Prachtentfaltung, seine Reformen des Verwaltungs- und Finanzwesens für mutige Modernisierung. Auch Sie und Ihre Vorgänger haben sich auf das barocke wie moderne Bayern berufen.
Bei Franz Josef Strauß hieß das damals Tradition und Fortschritt. Meine Zeit als Ministerpräsident wird ja mit dem Motto „Laptop und Lederhose" verbunden. Ursprünglich stammt das übrigens nicht von mir, sondern von Roman Herzog. Ich habe es von ihm übernommen, denn einen besseren Slogan kann man nicht finden. Tradition und Fortschritt, Pracht und Modernität, dafür ist Bayern in der ganzen Welt bekannt. Bayern, habe ich immer gesagt, ist ein besonders gutes Stück Deutschland. Im Ausland wird Bayern häufig mit Deutschland gleichgesetzt. Mein Nachfolger schwelgt auch immer in diesen Kategorien.

Das Palais Montgelas steht auch für den Übergang von der Monarchie zum

dication in 1918, the royal family was never implicated in scandal. That's why the Wittelsbachs are respected in Bavaria to this day.

The Palais Montgelas has belonged to the Bayerischer Hof *since the 1970s. Count Maximilian Montgelas is an important figure in Bavarian history…*
… The father of modern Bavaria.

The palace he commissioned stands for baroque splendor; his reforms of public finances and administration stand for courageous modernization. You and your predecessors have also promoted this balance of old and new.
Franz Josef Strauß called it Tradition and Progress. My motto was "Laptop and Lederhosen." By the way, that originally came from Roman Herzog. Tradition and progress, splendor and modernity, Bavaria is known for this worldwide. Bavaria, I've always said, is an especially good part of Germany.

Palais Montgelas also stands for the transition from monarchy to a democratic state. It was briefly the seat of Bavaria's first Prime Minister, Kurt Eisner. The term Free State goes back to him…

demokratischen Staat. Es war kurzfristig der Sitz des ersten Bayerischen Ministerpräsidenten, Kurt Eisner. Auf ihn geht der Begriff Freistaat zurück. Auch das ist typisch bayerisch. Freistaat heißt: keine Monarchie. Dennoch gibt es keinen Bruch zum Hause Wittelsbach. Dass man die Vergangenheit kennt und auf sie stolz ist, das ist eine Besonderheit. Auch die heutigen Repräsentanten des Freistaats Bayern sprechen mit Respekt von den Wittelsbachern.

1944 wurde der Bayerische Hof komplett zerstört, wie auch große Teile der Stadt. Welche Bedeutung hat der Wiederaufbau bis heute für das Selbstverständnis der Stadt?
München ist mit großer Liebe nach dem Krieg wieder aufgebaut worden. Dabei gelang es, eine Reihe von Gebäuden zu bewahren, die eng mit der Geschichte der Stadt verbunden sind. Der Justizpalast etwa, das Lenbachhaus, das Künstlerhaus, die Residenz und eben auch der *Bayerische Hof*. Man kann sich heute nicht mehr vorstellen, dass man 1948 in der Stadt ernsthaft diskutiert hat, die Residenz als Zeichen der Restauration abzureißen, um dort Sozialwohnungen zu errichten. Das wäre ein Verbrechen an der eigenen Geschichte gewesen, natürlich wurde auch die Residenz wieder errichtet. Der *Bayerische Hof* ist ein Aushängeschild des Wiederaufbaus dieser Stadt, ein Sinnbild für Tradition und Fortschritt. Das war auch das Verdienst von Falk Volkhardt.

Der Bayerische Hof ist ein florierendes Familienunternehmen. Innegrit Volkhardt führt das Haus in vierter Generation sehr erfolgreich. Solche Kontinuität ist selten.
Der Mut von Innegrit Volkhardt in der Nachfolge ihres Vaters das Haus in eine neue Zeit zu führen, ist extrem beachtlich. Sie ist mit dem Haus verwoben, wie ich es mir besser nicht vorstellen kann. Der *Bayerische Hof* ist ihr Leben. Dass das Haus noch ein Familienunternehmen ist, ist fast ein Widerspruch in sich, er konkurriert ja mit Häusern großer internationaler Ketten, die eine ganz andere ökonomische Substanz haben. Ob das allen Gästen bewusst ist, weiß ich nicht, aber es prägt die Atmosphäre im Haus.

Wie wird der Bayerische Hof Ihrer Erfahrung nach von den Münchnern wahrgenommen?
Es gibt zahlreiche Münchner, die stolz sind auf das Nationaltheater, die Oper, aber tatsächlich noch nie drin waren. Genauso gibt es viele Münchner, die noch nie im *Bayerischen Hof* waren und vielleicht auch gar nicht wissen, dass das Haus weltweit eines der führenden Hotels ist und das umsatzstärkste in Deutschland. Dennoch wissen sie: Der *Bayerische Hof* gehört zu München. Spürbar wird das etwa beim Einzug der Wiesnwirte, wenn der Festzug am Promenadeplatz vorbeikommt. Das hat natürlich auch mit der Lage mitten in der Stadt zu tun, mit dem Ensemble Promenadeplatz, aber auch mit dem Understatement, das der *Bayerische Hof* ausstrahlt. Für mich ist der *Bayerische Hof* ein besonderes Stück München, in jeder Hinsicht Champions League. Ich hoffe, das bleibt noch lange so.

… And that's typical Bavarian as well. Free State means: no monarchy. Nevertheless, we haven't broken with the House of Wittelsbach. People know the past and are proud of it.

The Bayerischer Hof was destroyed in 1944 along with large parts of the city. What does the reconstruction mean for the city's identity?
Munich was rebuilt with great love. They succeeded in preserving many buildings that are associated with the city's history: the Justizpalast, the Lenbachhaus, the Künstlerhaus, the Residence and the *Bayerischer Hof* as well. It's difficult to imagine that the city seriously discussed tearing down the Residence in 1948 and erecting public housing there. The *Bayerischer Hof* is a poster child for this city's reconstruction, a symbol of tradition and progress – and Falk Volkhardt's achievement.

The Bayerischer Hof is a flourishing family business. Innegrit Volkhardt is leading the hotel very successfully in the fourth generation. Such continuity is rare.
Innegrit Volkhardt's courage in leading the hotel into a new era is remarkable. She is intertwined with it, and it couldn't be better. That the hotel is still a family business is amazing: It shapes the atmosphere there.

In your experience, how do Munich's residents perceive the Bayerischer Hof?
Many Munich residents have never been to the *Bayerischer Hof*, but they do know: The *Bayerischer Hof* belongs to Munich. You can feel it in the Oktoberfest Parade when it passes by the hotel's location in the middle of town, the Promenadeplatz ensemble, and the understated ambience that the *Bayerischer Hof* exudes. For me, the *Bayerischer Hof* is a special part of Munich. I hope it stays that way for a long time.

Trachtenumzug zum Oktoberfest

Costume parade at the Oktoberfest

Aufgang zu den Rängen im Festsaal

Stairs to the gallery in the ballroom

Martti
Ahtisaari Abdullatif bin
Rashid Al Zayani Madeleine Albright
Keith B. Alexander Sheikh Hamad bin Al-Thani Jassim
bin Jabor Catherine Ashton Egon Bahr Ban Ki-moon Ehud
Barak Joe Biden Lakhdar Brahimi Zbigniew Brzezinski David
Cameron Salvador Cienfuegos Zepeda Ivica Dacic Antonio de Aguiar
Patriota Jaap de Hoop Scheffer Thomas de Maizière Nabil Elaraby Recep Tayyip
Erdogan José Barroso Sigmar Gabriel Robert Gates Valéry Giscard D'Estaing
Chuck Hagel Richard C. Holbrooke Toomas Hendrik Ilves James L. Jones Franz Josef

HILLARY CLINTON

Jung Tawakkol Karman John Kerry Michail Gorbatschow Helmut Kohl Sergey
Lawrow Joseph Lieberman John McCain Angela Merkel Ngozi Okonjo-Iweala
Leon Panetta Kofi Annan Anders Fogh Rasmussen Wolfgang Reitzle George
Robertson Kenneth Roth Donald Rumsfeld Ali Akbar Salehi Nicolas Sarkozy
Rudolf Scharping Wolfgang Schäuble Brent Scowcroft Radoslaw Sikorski
Javier Solana George Soros Frank-Walter Steinmeier Horst Teltschik
Hashim Thaçi Karl-Theodor zu Guttenberg Donald Tusk
Herman Van Rompuy Ursula von der Leyen Guido
Westerwelle Manfred Wörner Yang
Jiechi Robert Zoellick

Sie alle kamen wie unzählige weitere Staatspräsidenten, Premierminister, Kanzler und Außenminister in den vergangenen Jahren nach München, um auf der Sicherheitskonferenz Konflikte zu entschärfen, Krisen zu lösen und Kriege zu vermeiden. Stefan Kornelius, Ressortleiter Außenpolitik der *Süddeutschen Zeitung*, erklärt, weshalb dem *Bayerischen Hof* dabei eine ganz besondere Rolle zukommt.

Wenn ein Hotel und seine Gäste idealerweise zusammengehören wie ein Paar, dann führt der *Bayerische Hof* eine bemerkenswerte Ehe mit dieser Veranstaltung, die sich Münchner Sicherheitskonferenz nennt, aber genauso gut Sicherheitskonferenz im *Bayerischen Hof* heißen könnte. Denn wenn in der ersten Februarwoche der ganz große politische Zirkus nach München kommt, dann kann es nur dieser Ort sein, an dem die Aufführung stattfindet: Der dicht besetzte Ballsaal als Manege der internationalen Politik, dazu die Galerien und Wandelflure, die Foyers und Restaurants, die Suiten und Palais-Zimmer, die Kellergewölbe und die Spa-Bar, die von nur ganz wenigen Konferenz-Profis als idealer Rückzugsort für ein ruhiges Gespräch oder einen Moment der Besinnung entdeckt wurde.

Der internationale Konferenzkalender kennt viele Orte und Anlässe, aber die bittere Wahrheit ist: Wie ein Nomadenstamm ziehen die Lenker und Denker um die Welt, reden hier zum Klima, versammeln sich dort, um die großen Gesundheitsprobleme zu beraten. BOGATs, wie es im Englischen abschätzig heißt: „a bunch of guys sitting around a table" – ein paar Typen, die um einen Tisch herum sitzen. Zu Hause sind sie eigentlich nirgendwo.

Vielleicht ist das der Grund, warum die Wiedergänger der Sicherheitskonferenz diesem Hotel so huldigen: Hier sind sie seit den 1960er-Jahren zu Hause, es ist ihr Hotel – so sehr, dass an den Tagen der Konferenz das Hausrecht auf den Veranstalter übergeht, der Sicherheit wegen.

Sicherheitsgründe waren es, die einmal gar den Umzug erzwangen. 1992 musste der Tross raus aus dem *Bayerischen Hof* und hinaus aus der Münchner Innenstadt. Der Kuwait-Krieg brachte die Sorge mit, dass der Promenadeplatz und das Hotel nicht ausreichend zu sichern wären. Also zog man um. Aber der Protest der Teilnehmer war enorm und ließ so lange nicht nach, bis die Konferenz 1999 wieder im *Bayerischen Hof* landete – eine Trennung auf Zeit, in der die Anhänglichkeit nur wuchs.

Ende November 1963, Helmut Schmidt und Henry Kissinger saßen als relativ junge Männer am Tisch, versammelte der Münchner Verleger Ewald-Heinrich von Kleist 60 Sicherheitsexperten in einem Raum. Die Kuba-Krise war gerade vorüber, und niemand konnte wissen, welche Schrecklichkeiten der Kalte Krieg noch bringen würde. Von Kleist, ein Heroe der militärischen Widerstandsbewegung gegen Adolf Hitler und ein absolut unabhängiger Geist, wollte dieses Forum schaffen, um Sicherheitspolitiker aus Deutschland mit Strategen aus den USA an einen Tisch zu bringen. Deutschland war noch der Paria in der westlichen Allianz. Konnte man denen trauen? Verschwiegen sollte es zugehen, intern aber absolut offen.

Damenbegleitung war ausdrücklich nicht erwünscht, und Frauen gab es damals sowieso keine in dieser Branche der internationalen Politik. Also trafen sich die Männer im düsteren Saal der Hand-

Angela Merkel, David Cameron, John Kerry, Joachim Gauck, Vladimir Putin, Henry Kissinger, Nicolas Sarkozy, and countless other presidents, chancellors, and foreign ministers – they have all come to the Munich Security Conference in the last few decades to defuse conflicts, resolve crises, and prevent wars. Stefan Kornelius, head of the Süddeutsche Zeitung's foreign affairs section, explains why the Bayerischer Hof *plays such a special role.*

This hotel and its guests are such a good fit, the Munich Security Conference could also be called the *Bayerischer Hof* security conference. Held in the first week in February, it is the ideal place to host such an event. The ballroom, the galleries, the twisting hallways, the foyers, the restaurants, the suites and Palais rooms, the vaulted cellars are all conducive to solving problems. And those in the know head to the Spa bar for quiet conversation or a moment of reflection.

The international conference schedule is relentless, with speakers and presenters continuously moving from one event to another.

Perhaps that is a reason why the Security Conference's repeat attendees appreciate the hotel so much. They've been coming here since the 60's – it's their hotel.
Once, security reasons required a change in the venue. In 1992, attendees had to leave the hotel and downtown Munich. The First Gulf War raised concerns that the hotel and the Promenadeplatz could not be made sufficiently secure. However, the participants protested so vociferously that the 1999 Conference ended up back at the *Bayerischer Hof*.

Kluge Köpfe
Bundespräsident Joachim Gauck, Wolfgang Ischinger und Horst Teltschik; US-Vizepräsident Joe Biden, Hillary Clinton (jeweils v. l. n. r.)

Brilliant minds
Bundespräsident Joachim Gauck, Wolfgang Ischinger and Horst Teltschik; US Vice President Joe Biden, Hillary Clinton (from left to right)

werkskammer zu den Gesprächen. Logiert wurde nebenan im Hotel Regina, gelegen am Maximiliansplatz. Wenige Jahre später zog man in den *Bayerischen Hof* um.

München entpuppte sich als glückliche Wahl für das Treffen – vor allem in der Faschingszeit. Besonders die amerikanischen Gäste waren hellauf begeistert von der Libertinage, die sich im feierfreudigen Schwabing und auch schon in der Hotelbar bot. Kostümierte Münchner feierten mit nadelbestreiften Konferenzlern. Morgens wurde getagt, abends war Faschingsball. US-Senator John Tower, ein Mann mit programmatischem Namen und nicht weniger überragender Statur, beharrte auf der zeitlichen Nähe von Konferenz und Fasching. Das Flair der Stadt, die Lage des Hotels mitten im Zentrum – so wurde Bindung geschaffen.

Inzwischen ist „The Munich Conference" zu einer gewaltigen Marke gewachsen. Die Nachfolger von Kleists in der Konferenzleitung, Horst Teltschik und Wolfgang Ischinger haben aus der „Wehrkunde" ein globales Ereignis gemacht. Nirgendwo auf der Welt gibt es eine vergleichbare Großveranstaltung der internationalen Politik mit einer ähnlichen Ballung von Staatschefs, Regierungsmitgliedern und Experten. Aus der deutsch-amerikanischen Konferenzrunde ist ein globaler Zirkel sicherheitspolitischer Entscheidungsträger geworden, die aus Peking, Delhi, Riad oder São Paulo anreisen. Gesprochen wird nicht mehr nur über

At the end of November 1963, Helmut Schmidt and Henry Kissinger sat at the table along with 60 security experts assembled by the Munich-based publisher Ewald-Heinrich von Kleist. The Cuba Crisis had just ended, and no one knew what other calamities the Cold War would bring. Von Kleist, an independent-minded hero of the military resistance against Adolf Hitler, wanted to create this forum to bring German security policy makers and US strategists to the same table, which was quite a feat given that Germany was still a pariah in the Western alliance and there were doubts whether it could be trusted. The meetings were secret but their content was totally open.

Female company was not desired, and besides, there were no women in this branch of international politics at the time. The men met in the dimly lit room of the Chamber of Trades, and stayed in the Hotel Regina next door. A few years later, they moved the meetings and accommodations over to the *Bayerischer Hof*.

Munich proved to be a fortuitous choice for the meeting location – especially during the Fasching carnival period. The US guests especially reveled in the freewheeling fun in Schwabing and the hotel bar. Costume-wearing Munich residents partied with pinstripe-wearing conference-goers. Meetings were held in the morning, with the Fasching ball held at night. US Senator John Tower, a man with an imposing name and stature, insisted on having the conference close to Fasching. He loved the city's flair and the hotel's central location, which helped to form a bond with the Germans.

In the meantime, the Munich Conference has become a renowned event. Von Kleist's successors, Horst Teltschik and Wolfgang Ischinger, turned the conference into a global happening that is unparalleled in scale in the realm of international politics and that brings together heads of state, government representatives and experts. The initial meeting between German and American officials evolved into a global group of security-oriented decision-makers, coming from Beijing, Delhi, Riyadh, São Paulo, and all points in between. Topics have expanded beyond security in NATO or Europe to world themes, such as tension in Eastern Asia, energy dependencies, refugee flows, and cyber-warfare. Recently, 20 presidents, prime ministers, and chancellors came to Munich, followed by 50 ministers and hundreds of experts, military officers, industry representatives, NGOs, and scientists – a confluence of people covered by hundreds of journalists

Rat der Weisen
Helmut Schmidt, Valéry Giscard D'Estaing, Henry Kissinger und Egon Bahr (v.l.n.r.) bei der Sicherheitskonferenz 2014

Council of the Wise
Helmut Schmidt, Valéry Giscard D'Estaing, Henry Kissinger and Egon Bahr (l.to r.) at the Security Conference 2014

die Sicherheit in der NATO oder in Europa, sondern über die großen Themen der Welt: die Spannungen in Ostasien, Energieabhängigkeiten, Flüchtlingsbewegungen, Cyber-Gefahren. Zuletzt eilten bis zu 20 Präsidenten, Ministerpräsidenten oder Kanzler nach München, gefolgt von 50 Ministern und einem bemerkenswerten Tross aus Hunderten Experten, Militärs, Industrievertretern, NGOs, Wissenschaftlern – alles haarklein beobachtet von vielen Hundert Journalisten und belagert, ja auch dies, von einigen Tausend Demonstranten, die hinter den Hotelmauern finstere Machenschaften vermuten.

Dabei findet das politische Theater praktisch auf offener Bühne statt, übertragen im Fernsehen und gestreamt im Internet, kommentiert, begutachtet, belauert. Choreografiert wird die Show dabei nicht nur vom Konferenzveranstalter, sondern – bemerkenswert genug – vom Hotelgebäude selbst, das der Stammesversammlung der Sicherheitspolitiker seinen eigenen Rhythmus gibt. Wie Lindwürmer ziehen die Delegationen durch die Flure, folgen einem sich in den Tagen vor der Konferenz geheimnisvoll fügenden Terminkalender: Reden und Diskussionen im Ballsaal, Pressekonferenzen im Foyer, Essen im Dachrestaurant, bilaterale Begegnungen im Palais. Drei Tage Stundenplan in enger Taktung, Geraune auf den Gängen, spontane Bemühungen um die Krise des Augenblicks, schnell arrangierte Treffen in den Suiten.

Begegnungen werden da möglich, die vorab nicht abzusehen sind. Erste, zarte Kontakte zwischen den USA und Iran, Vermittlungen

and closely observed by several thousand demonstrators, leery of "sinister" dealings behind the hotel walls.

The political drama plays out on an open stage, broadcast on television, and streamed over the Internet. The event is choreographed not only by the conference organizer but by the hotel itself, which gives the whole thing a rhythm of its own. The delegations move through the hallways, their direction dictated by the schedule: presentations and discussions in the ballroom, press conferences in the foyer, meals in the roof-top restaurant, and bilateral meetings in the Palais. It all adds up to three days of precisely timed schedules, informal meetings, and spontaneous solutions for the crises of the day.

Encounters here can yield unexpected results, such as initial, tentative contacts between the US and Iran, as well as messages sent between Israelis and Palestinians. Diplomacy is a delicate business, and the protocol has its own pitfalls. Who is going to speak with whom? Who must be avoided?

While the conference is in full swing, the *Bayerischer Hof* is more than a backdrop – the hotel with its 'Munich Spirit' has made an impact on world politics.

zwischen Israelis und Palästinensern. Heikel ist das Geschäft der Diplomatie, voller Gefahren das Protokoll: Wer spricht mit wem? Wer darf wem auf keinen Fall auf den Fluren begegnen? Was tun mit dem barocken Nymphen-Gemälde, das spärlich bekleidete Damen zeigt, im Raum einer iranischen Delegation? Die Nationalfahne verdeckt am Ende alle Unschicklichkeiten.

Die bleibenden Momente aber werden im Ballsaal geschrieben, wenn der russische Präsident Wladimir Putin eine Konfliktfähigkeit demonstriert, die nicht wenigen das Blut in den Adern gefrieren lässt; wenn der deutsche Außenminister Joschka Fischer dem amerikanischen Verteidigungsminister Donald Rumsfeld sein „I am not convinced" entgegenschleudert und damit vor den Augen der Welt den Bruch zur Regierung Bush vollzieht; wenn dieser Donald Rumsfeld in demonstrativer Langeweile die rhetorischen Blitze auf den Polsterbänken am Rande des Ballsaals abfängt, schwer zu finden für die Kameras.

Für den Modus Operandi der Konferenz ist der *Bayerische Hof* mehr als eine Kulisse. Hier hat sich eine eigene Kultur herausgebildet, the Munich Spirit, wie sie ein wenig pathetisch sagen. Hier macht – wenn man ganz ehrlich ist – ein Hotel ein bisschen Weltpolitik.

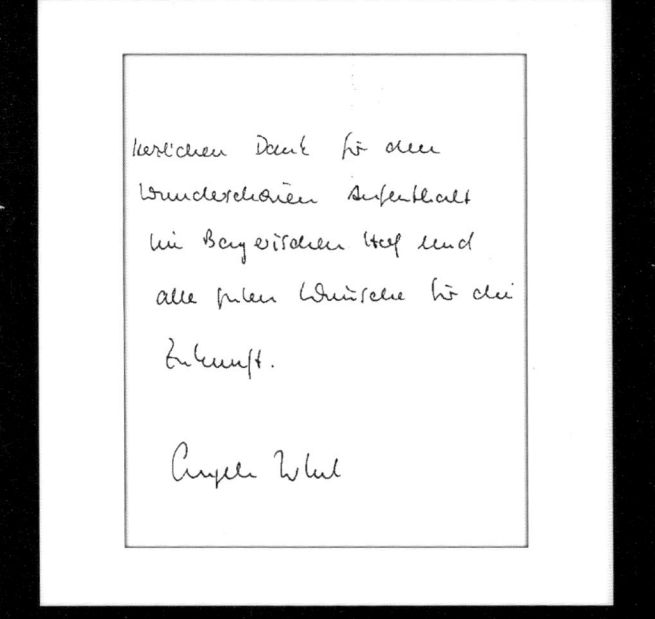

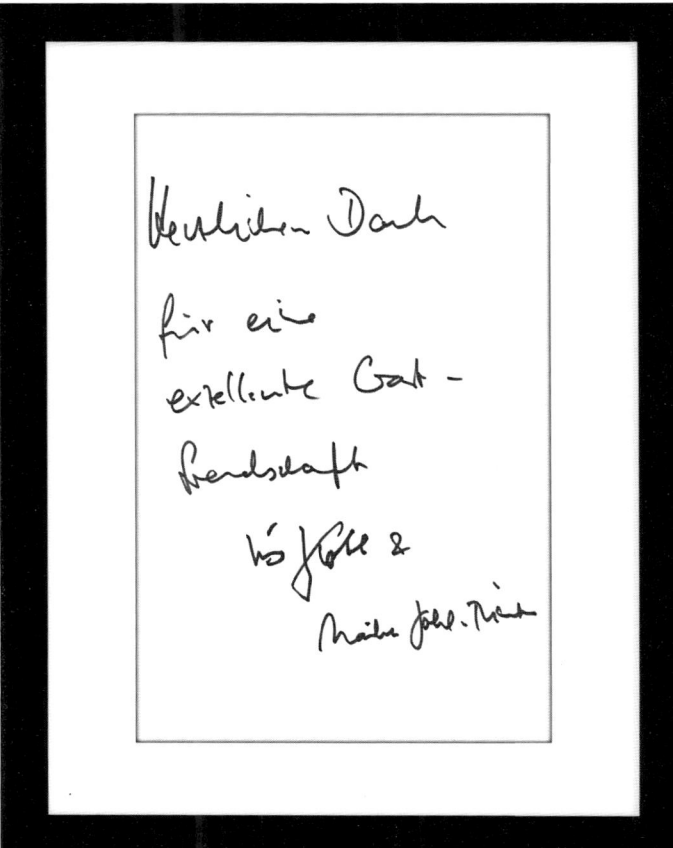

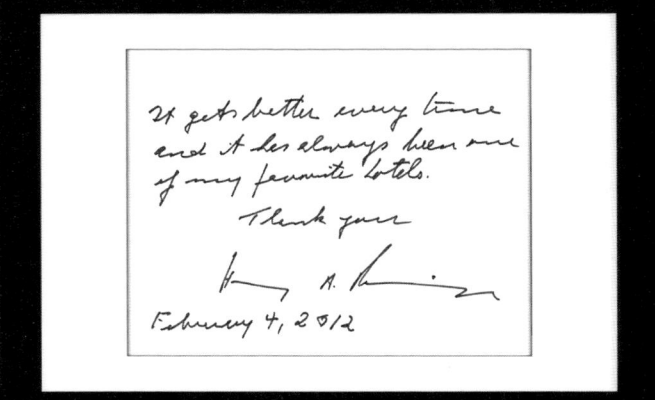

Danke!
Gästebucheinträge von Angela Merkel (ganz o.), Helmut Kohl (l.) und Henry Kissinger (o.)

Thank you!
Guest book entries by Angela Merkel (far above), Helmut Kohl (left), and Henry Kissinger (above)

FRIEDRICH *gulda*

der große Pianist, gab im Juli 1996 im Festsaal des *Bayerischen Hofs* ein unvergessliches Konzert. Der Musikkritiker Ralf Dombrowski erinnert sich.

Am Klavier
Friedrich Gulda bei einem Auftritt im Jahr 2000

At the piano
Friedrich Gulda at a performance in 2000

In der Lobby herrschte Krisenstimmung. Aufgebrachte Kunstfreunde in Abendgarderobe beschimpften den Portier, der mit stoischer Gelassenheit die Beschwerden zu Protokoll nahm. „Unverschämtheit!", hörte man, „Geld zurück!", auch humorlose Satzfetzen wie „Anwalt einschalten!" Nur wenige Meter entfernt, im Festsaal des *Bayerischen Hofs*, tobte derweil eine Party, auf der die Empörten nicht mitfeiern wollten. Schließlich war man gekommen, um Mozart zu goutieren, Feinsinniges, Tiefgründiges, Inspiriertes vom Großmeister der musikalischen Noblesse. Stattdessen Bässe, die die Menschen vom Parkett pusteten, und tanzende Mädchen mit Barock-Perücken, die albern über die Bühne hopsten. Der Saal leerte sich in atemberaubender Geschwindigkeit. Ein Skandal! „Der Schock saß mir in den Knochen", erinnert sich Innegrit Volkhardt.

The great pianist gave an unforgettable concert in the Banquet Hall of the Bayerischer Hof *in July 1996. Here is how critic Ralf Dombrowski remembers it.*
There was a crisis atmosphere in the lobby. Angry "art lovers" in evening dress scolded the doorman, who absorbed their complaints with stoic calm. In the Banquet Hall of the *Bayerischer Hof,* a party had started that these guests didn't want to join. They had come to hear Mozart. Instead, there was techno and loud bass sounds and dancing girls with baroque wigs hopping across the stage. The room emptied at break-neck speed. A scandal, remembers Innegrit Volkhardt. Before the concert (entitled "Mozartiana") began, Friedrich Gulda, standing in the wings, with a glass of red wine in his hand, whispered to the young critic, "Surprised? Just you wait." He knew

Vor dem Konzert, am Bühnenrand. Friedrich Gulda, den Genussbauch in ein eng anliegendes T-Shirt gepresst und das Rotweinglas in der Hand, raunte dem jungen Kritiker so etwas wie „Überraschung … werst scho sehn …" zu. Er wusste natürlich, dass er seine Zuhörer herausforderte, aber er hatte den Kulturbetrieb satt. Längst galt Friedrich Gulda als der leidenschaftlichste und hintergründigste Mozart-Interpret seiner Zeit. Die posthum veröffentlichten „Mozart-Tapes" etwa, die ihn beim privaten Erforschen der Sonaten belauschen, dokumentieren ihn als Kämpfer um jede Feinheit des Ausdrucks. Gulda, jazzverliebt seit vielen Jahren, war auf der Suche nach einer Haltung, die seinen Traum von Freiheit auf die Musik der Klassik übertragen würde. Seine Auseinandersetzung mit der Kunst empfand er mit zunehmendem Alter immer deutlicher als persönliche Angelegenheit. Nichts, was die Masse interessieren musste, auch wenn er für ein paar Mozart-Konzerte weltweit sechsstellige Summen aufrufen konnte.

So betrat er schließlich die Bühne, setzte sich ans elektronische Klavier – schon das ein Affront – und begann zu spielen. Trotz mangelnder Klangopulenz des Instruments setzte nahezu umgehend der Gulda-Effekt ein. Andächtiges Zuhören, Ruhe im Parkett, ein Hauch von Verzückung, zumindest bis zu dem Moment, als der Meister aufstand, und auf der Empore des Festsaals eine seiner Statistinnen übergangslos weiterspielte. Als schließlich die Beats einsetzten, war auch dem letzten Zuhörer klar, dass er an der Nase herumgeführt wurde. Gulda, der 1981 den Klaviersommer mit seinem Konzert im Amerikahaus auf den Weg gebracht hatte und in der folgenden Jahren etwa an der Seite von Chick Corea oder Joe Zawinul famose Konzerte spielte, nutzte das Forum für eine Harlequinade, als Agent Provocateur, der vehement und plakativ mehr Hedonismus in der Kunst einforderte.

Später übrigens lancierte Friedrich Gulda eine Falschmeldung über seinen Tod. Tage später feierte er mit einer „Paradise Night" die eigene Auferstehung. Diesmal waren die Zuhörer im Wiener Konzerthaus Teilhaber seines Humors. Ein paar Jahre nach dem Konzert klingelte bei Innegrit Volkhardt morgens um fünf das Telefon, Gulda am Apparat. „Das Konzert damals", sagte er, „war doch ein Riesenerfolg!" Er schlug vor, es zu wiederholen. Kurze Zeit später starb Friedrich Gulda tatsächlich, an Mozarts 244. Geburtstag. Und manch einem wurde im Nachhinein klar, dass auch der kleine Münchner Skandal ein Moment genialischer Selbstinszenierung war.

that he was challenging his audience, but he was fed up with the culture business. Friedrich Gulda had long been considered the most passionate and profound Mozart interpreter of his time. Gulda, who had been a jazz fan for years, was looking for a way to apply his dream of freedom to classical music. As he grew older, he experienced his confrontation with art ever more personally. He was not seeking to interest the masses, even if he could command six-figure sums worldwide for a couple of Mozart concerts. So he finally walked onto the stage, sat down at the electronic keyboard – already an insult – and began to play. Despite the instrument's lack of grandeur in sound, the Gulda effect was felt almost immediately. The audience listened with reverence – at least until the moment the pianist stood and, up in the gallery of the banquet hall, one of his lady assistants seamlessly continued to play. When the beats finally started, it was clear to every member of the audience that they had been had.

An der Gitarre
Al Di Meola bei einem Auftritt im Festsaal

On the guitar
Al Di Meola at a performance in the ballroom

Hilde Siglmüller

ist eines der unermüdlichen Zimmermädchen, die, nahezu unsichtbar, in Zimmern und Suiten Papierkörbe geleert, Böden gesaugt und Badewannen auf Hochglanz poliert haben. *Zeit*-Autorin Anna von Münchhausen begleitete sie 2001 einen Tag lang – und lernte, was gründlich sauber machen bedeutet, wenn Profis am Werk sind.

110 Room-Maids arbeiten im *Bayerischen Hof,* einem Münchner Luxushotel mit 340 Zimmern. Heute bin ich eins davon. Ich möchte wissen, was alles passieren muss, damit sich der nächste Gast ins gemachte Bett legen kann. Wie es sich anfühlt, Unbekannten hinterherzuputzen, -zuwischen, -zuräumen, ihre Betten zu beziehen, ihren Müll zu beseitigen. Mit einem Wort – es wieder nett zu machen. Schnell, gründlich, korrekt müssen sie arbeiten, die Zimmermädchen.
Und fehlerlos. Denn hier gilt: Ein Haar vom Vorgänger, das dem Gast ins Auge fällt, ist genau eins zu viel. Was daheim gerade noch akzeptiert wird, löst im Hotelzimmer größten Widerwillen aus. Mehr noch: Misstrauen. Fragen der Hygiene drängen sich auf: Wer hat auf meinem Kopfkissen geschlafen? Wer ist barfuß über diesen Teppich gegangen? Wer hat mein Zahnputzglas benutzt? Welcher Raucher hat in diesen Telefonhörer gehaucht?

Um es so weit nicht kommen zu lassen, gibt es Hilde. Hilde Siglmüller ist meine Kollegin heute. Seit vier Jahren arbeitet sie im *Bayerischen Hof,* und sie weiß, wie es geht. Ich weiß überhaupt nicht, wie es geht. Denn die Arbeit, die ich zu Hause ratz, fatz erledige, unterscheidet sich von der Zimmerreinigung in diesem Haus wie ein Napfkuchen von einer Sachertorte.

Erster Merksatz: Alles hat seine Ordnung – und sein System. Zimmer 741. Erst klopfen. Nie vergessen! Auch wenn die Computerliste DI sagt, dirty, könnte der Gast noch da sein. Schild draußen aufhängen: Maid in room. Dann: Abfall hinausbringen. Niemals! geleerte Tabletts vom Room-Service auf dem Flur deponieren. Solche banalen Hinterlassenschaften gehören ins Office, einen Abstellraum für Gerät und Nachschub aller Art, der auf jedem Stockwerk zu finden ist. Für den Rückweg: Bett- und Badwäsche mitnehmen, und die Reinigungsmittel vom Wagen.
Halt. Schon hat Hilde meinen nächsten Fehler entdeckt. Abgezogene Bettwäsche gehört niemals auf den Fußboden, wie sieht das aus? Und als ich sie wegbringe, habe ich die Zimmertür offen stehen lassen … Das Doppelbettlaken, teuflisch groß. Kopfende Seite einschlagen, Fußende einschlagen, sodass unten eine exakte senkrechte Falte entsteht. Meine sieht schief aus – Hilde lacht. Nun die andere Seite. Und jetzt straff ziehen.

Fest, fest, fest! Wie ein Schneefeld in der Arktis muss es daliegen, faltenlos. Jetzt der Bettbezug. Die Zipfel der Bettdecke fassen, nach unten schütteln … Nein, Hilde ist nicht zufrieden, weil die Ecken nicht sauber ausgestülpt sind. Nach meiner Korrektur sieht der Bezug schon etwas mitgenommen aus. Unmöglich. Kopfkissen müssen prall sein, wie gerade aufgepumpt. Mit der Öffnung nach oben ans Kopfende legen, kleines Kopfkissen dito. Halt – der Schriftzug nach unten. Mein Bezug zeigt aber nach innen … Noch mal.

Zweiter Merksatz: Arbeite präzise die Checkliste durch, es darf an nichts fehlen. Beim Staubwischen nebenbei kontrollieren: 14 Bügel voll-

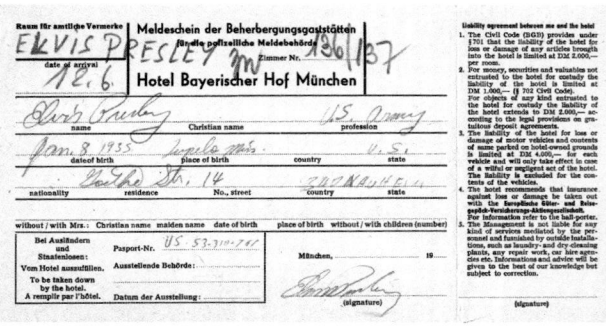

Herzkönig
In seiner Zeit als GI in Deutschland war Elvis Presley auch im *Bayerischen Hof* zu Gast, wie der Meldeschein zeigt (o.). Für ein Foto (S. 189) posierte er 1959 mit den Zimmermädchen.

King of Hearts
During his time as a GI in Germany, Elvis Presley was also a guest at the Bayerischer Hof, *as shown by his guest record (above). He posed for a photo (p. 189) with the maids in 1959.*

She is a tireless maid who enters rooms invisibly to empty wastepaper baskets, vacuum floors and polish bathtubs to a high gloss. Writer Anna von Münchhausen shadowed her for a day – and learned what "thoroughly clean" means.
"110 maids work at the *Bayerischer Hof.* Today I'm one of them. I want to know what it feels like to clean up after people you don't know, to make rooms spotless again. These maids have to be fast and thorough.

And flawless, because one hair spied by a guest is exactly one too much. Something that may be OK at home triggers revulsion in a hotel room. People start worrying about hygiene.

Hilde is here to prevent that. She has worked at the *Bayerischer Hof* for four years, and knows exactly what to do. I, on the other hand, haven't a clue because the housework that I rush through at home is nothing like cleaning a room at this hotel.

Rule #1: Everything has its own order. Room 741. Always knock first! Even if the list says DI (dirty), someone might still be there. Hang up the sign: Maid in room. Then: Carry out the trash. NEVER put empty room service trays in the hall. They go in the storage room located on every floor. On the way back: Bring bedding and towels along with cleaning supplies from the cart. Stop. Hilde has already spotted a mistake.

ständig? Wäscheliste da? Beutel für Reinigung, für Wäscherei vorhanden, Listen dazu? Zimmersafe leer und sauber? Fernseher abwischen, Programm hinlegen, Fernbedienung und Telefonhörer desgleichen. In die Hocke, auf die Knie, kriechen, strecken, lang machen. Draußen scheint die Sonne… Und dann hast du schwarze Möbel, ach, klagt Hilde. Du drehst dich um – und da liegt er schon wieder, der Staub. Ich bin manchmal fertig. Was Wunder.

Dritter Merksatz: Ein Bad hat dem Hygienestatus eines OP-Saals zu entsprechen. Toilette geschrubbt („Da gucken die Gäste gern genauer hin. Und sie sollen ja auch zufrieden sein", sagt Hilde), den Anfang der Toilettenpapierrolle zur charakteristischen Nase gefaltet, die Badewanne mit Allzweckreiniger ausgewischt, die Fliesen feucht abgewischt. Fest nachreiben, die Wanne. „Und wenn das dann so schön glänzt, dann denk ich mir: Da geh ich jetzt auch rein…" Das wär's. Wieso ist es hier eigentlich so warm, obwohl – Vorschrift! – doch das Fenster >>>

„FEST, FEST, FEST! WIE EIN SCHNEEFELD IN DER ARKTIS MUSS DAS LAKEN DALIEGEN, FALTENLOS."

Die Panorama-Suite 705
mit Blick auf die Frauentürme

The Panorama Suite 705 with view of the towers of the Frauenkirche

offen steht? Selbst die Fußsohlen brennen, dabei sind wir noch gar nicht fertig. Die frischen Handtücher müssen auf vorgeschriebene Weise angeordnet und gefaltet werden, und natürlich rutscht mir gleich eins vom Wagen auf den Teppich. Shampoo, Duschgel und Bodylotion gefächert aufgereiht, drüber das Kosmetikset. Zum Schluss, nachdem die Minibar aufgefüllt worden ist, meldet Hilde per Code über das Zimmertelefon dem Housekeeping, dass dieses Zimmer frei und sauber ist. Und ab in die nächsten acht…

Vierter Merksatz: Manche Gäste zeigen eigentümliche Gewohnheiten. Kein Wort darüber! Hildes Kollegin Maria rollt mit den Augen und presst den Stapel Handtücher fest an sich. Särr schmutzig – oh, oh, oh. Die Tür von Zimmer Nr. 736 steht offen. Oh, oh, oh – offenbar ein Fall von großer Leidenschaft. Das Bett: durchwühlt. Decken und Kissen am Kopfende verwurstet. Auf dem Nachttisch eine Flasche Veuve Clicquot, geleert bis auf ein Pfützchen. Der Servierwagen mit Frühstück für zwei – nahezu unberührt. Überquellende Aschenbecher, Cola-Flaschen, befingerte Gläser, Bierdosen. Im Bad knäulen sich Handtücher und Fußmatten in der Wanne… Eine Dreiviertelstunde, und Maria hat schweigend diesen Ort wieder in den Normalfall verwandelt.

Fünfter Merksatz: Manche Gäste sind spezieller als andere. Sie haben Sonderwünsche. Die müssen wir nebenbei erledigen. Bitte 15 Extrakissen. Bitte die Tagesdecke aus der Präsidenten-Suite. Bitte die Nachttischlampe aus der Originalzimmerausstattung der 50er-Jahre. Bitte meine fünf Pullover so falten, nicht anders. Nur den roten, den bitte auf den gepolsterten Hänger … Bitte meinen Kleiderschrank keinesfalls öffnen, was fällt Ihnen denn ein. Bitte, bitte, bitte. Selbstverständlich. Gerne."

Dirty sheets should never be left on the floor. And when I took them away, I left the room door open. The double bed sheet, infernally large. Fold both ends under to create a perpendicular crease. Mine looks crooked – Hilde laughs.

Pull it tight! It should look like an Arctic snowfield, completely smooth. Now the duvet cover. Hold the corners, shake it downward… No, the corners aren't turned out smoothly. After I fix it, the duvet still looks haggard. Pillows have to be plump, placed at the head of the bed with the opening pointing upward, ditto for the small pillows. Stop – my cover is inside-out.

Rule #2: Follow the checklist. All 14 hangers and laundry list present? Bag for laundry and dry cleaning? Room safe, empty and clean? Dust the TV, remote control and phone handset. And then there's black furniture, complains Hilde. You turn around – and the dust is right back where it started. Frustrating.

Rule #3: The bathroom must be as hygienic as an operating room. Toilet scrubbed ("Guests look closely there," says Hilde), the end of the toilet paper roll folded neatly, bathtub wiped down with cleanser, tiles wet-mopped. Scrub the tub hard. "And when it sparkles, I think: I'd get in there myself…" Why is it so warm in here, even though – that's the rule! – But the window is open? We aren't finished yet. Fresh towels must be arranged and folded properly, and naturally I drop one on the rug. Shampoo, shower gel and body lotion lined up, cosmetic set on top. Finally, after the minibar is filled, Hilde phones in to report that the room is vacant and clean. On to the next eight…

Rule #4: Some guests have odd habits. Don't say a word! Hilde's colleague Maria rolls her eyes and hugs a stack of towels to herself. The door to room 736 is open. Clearly a case of great passion. The bed: ravaged. A bottle of Veuve Clicquot on the nightstand, all but empty. Room service cart with breakfast for two – nearly untouched. Overflowing ashtrays, cola bottles, dirty glasses, beer cans. In the bathroom, towels and floor mats are wadded up in the tub… 45 minutes later, Maria has silently returned this place to normal.

Rule #5: Some guests are more special than others. They have special requests, which we handle gladly. But of course. With pleasure."

IN ZAHLEN
HARD FACTS

7 BARS *bars*

90.000 ROLLEN TOILETTENPAPIER *rolls of toilet paper*

6.576.517 kWh STROM *kWh energy*

20.000 CD-TITEL *CD titles*

65 SUITEN *suites*

55.000 STÜCK SEIFE *bars of soap*

358 PLÄTZE IM PALAIS KELLER *seats at the Palais Keller*

89.256 m³ WASSER *water*

583.232 kg WÄSCHE *kg laundry*

380 FERNSEHKANÄLE *TV channels*

5 RESTAURANTS *restaurants*

842.351 GÄSTE GESAMT *total guests*

170.371 ÜBERNACHTUNGEN *overnight stays*

340 ZIMMER *rooms*

So geht's: Anleitung zum perfekten Zimmer-Service

That's how it's done: instructions for the perfect room

Claus Ogerman

kennen in Deutschland nur Eingeweihte, das „Girl from Ipanema" in der Version von Frank Sinatra ist jedoch fast allen ein Begriff. Dass der gebürtige Schlesier in Deutschland nahezu unbekannt ist, hat verschiedene Gründe.

Einer davon: Seine größten Erfolge feierte er in den USA. 1959 zog Ogerman, der damals noch zwei „n" im Namen führte, nach New York – zu einer Zeit also, in der Jazz noch alles überstrahlte, Soul die Charts zu dominieren begann und Popmusik gerade erst geboren wurde. Ogermans Arrangements machten aus Songs wie „It's my Party" Nummer-1-Hits, aus Ben E. King und Solomon Burke Soulstars, vor allem aber machte Ogerman als Jazz-Arrangeur Furore. Er gab Aufnahmen von Barbra Streisand, Oscar Peterson, Freddie Hubbard oder Stan Getz den Schliff, der sie unverwechselbar machte. Darunter eine Reihe von Alben, die heute als Meisterwerke gelten, etwa die Meilensteine des Bossa nova wie „Urubu," „A Certain Mr. Jobim", „Terra Brasilis" von Antônio Carlos Jobim. 16-mal war er für den Grammy nominiert, zweimal gewann er ihn. Ein weiterer Grund für Ogermans begrenzte Prominenz hierzulande liegt wohl auch darin, dass er sich im Hintergrund immer am wohlsten fühlte. Schließlich fielen dort die Entscheidungen, wie ein Song, ein Stück, am Ende klingen sollte. „Man Behind The Music" nannte er folgerichtig eine CD-Box, die seine besten Arrangements und Kompositionen versammelt. In dieses Bild fügt sich, dass kaum jemand weiß, dass Ogerman, auch regelmäßig im *Bayerischen Hof* zu Gast ist.

„Ich kenne und schätze das Hotelleben, in Los Angeles, in Florida und in New York habe ich viel in Hotels gelebt. Ein gutes Hotel muss vor allen Dingen ruhig sein", sagt Ogerman. Sein Musikverlag, den er gemeinsam mit seiner Frau Inge leitet, liegt nur ein paar hundert Meter vom Promenadeplatz entfernt. Öffentlichkeit meidet er, auch Anrufe nimmt er nicht gerne entgegen. Ist er ausnahmsweise einmal doch zu sprechen, ist es ein großes Vergnügen zu erfahren, wie das war mit all den Großen des Jazz, mit denen er Tage und Wochen im Studio verbrachte, mit Quincy Jones, mit Jobim, mit Stan Getz. Weshalb er Sting absagte und was Stars und Plattenfirmen unternehmen, um ihn zu einem Comeback zu überreden. „Jazzplatten", sagt er, „habe ich zentnerweise hier rumliegen. Meistens aber höre ich E-Musik. Elisabeth Schwarzkopf etwa. Oder auch Anne-Sophie Mutter, eine tolle Künstlerin. Im Alter trifft man eben andere Entscheidungen."

Anfang der 80er-Jahre verabschiedete sich Ogerman zunächst vom Jazz und seiner Rolle als Arrangeur und Orchesterdirigent. Mitte der 90er-

He is barely known in Germany, yet everyone has heard Frank Sinatra's version of "The Girl from Ipanema."
There are many reasons for his anonymity. He had his biggest successes in the US after moving to New York in 1959, a time when jazz ruled, soul was rising up the charts, and pop music was being born. His arrangements turned many songs into No. 1 hits; they made soul stars out of Ben E. King and Solomon Burke; and they transformed Ogerman into a sensational jazz arranger. He gave recordings by Barbra Streisand, Oscar Peterson, Freddie Hubbard and Stan Getz that polish that made them stand out. He worked on albums considered masterpieces today, such as bossa nova milestones Urubu and Terra Brasilis by Antônio Carlos Jobim. Nominated for 16 Grammys, he received two. Ogerman preferred staying in the background, making critical decisions on how a song should sound. He released a CD collection, "Man Behind The Music": a compilation of his best arrangements and compositions. Another little-known fact: Ogerman is also a regular guest at the *Bayerischer Hof*.

"I love staying in hotels in Los Angeles, Florida and New York. Above all things, a good hotel should be quiet," says Ogerman. His music publishing company is located only a few hundred meters from the Promenadeplatz. He avoids the public spotlight and dislikes taking phone calls. If he does open up, he talks about the joy of working in the studio for weeks with influential jazz musicians as well as his current musical tastes. "I've got thousands of jazz records lying around. However, most of the time I listen to classical music like Elisabeth Schwarzkopf and Anne-Sophie Mutter. Tastes change as we get older."

In the early 80's, Ogerman left the jazz world and his role as arranger and orchestra conductor. In the

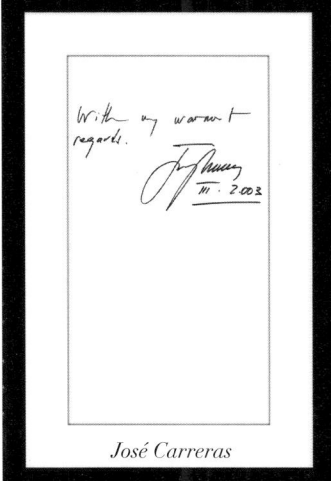

José Carreras

Helge Schneider

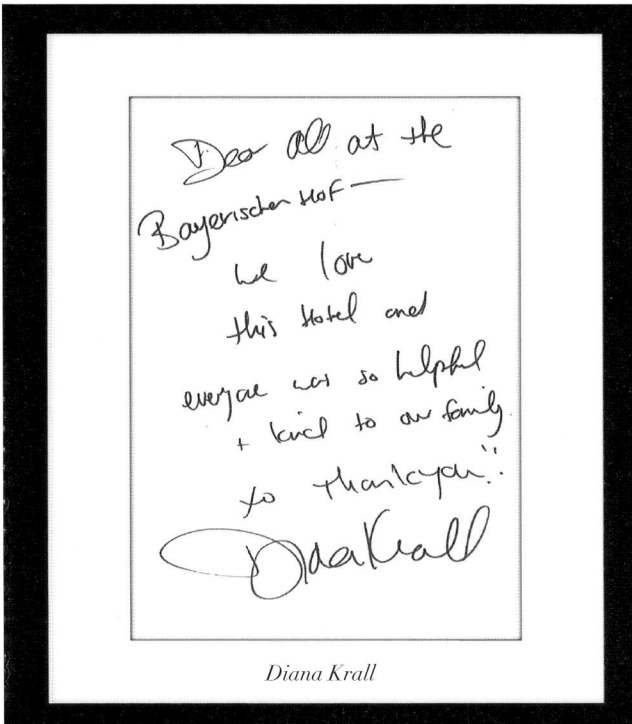

Diana Krall

Jahre kehrte Ogerman nach Deutschland zurück, und verbringt seither auch immer wieder Zeit im *Bayerischen Hof*. „Was mich am *Bayerischen Hof* sehr beeindruckt, ist, wie viel Energie Innegrit Volkhardt in Jazzkonzerte steckt. Im *Night Club* und im Festsaal habe ich eine ganze Reihe von Leuten gehört, die ich noch aus den USA kannte. Sie hatte viele Weltstars hier zu Gast. Ich kenne kein anderes Hotel auf der Welt, das Jazz so sehr unterstützt. Und wo gibt es ein Hotel, das ein eigenes Theater hat? Der *Bayerische Hof* ist wie eine kleine Stadt. Es ist unglaublich, was hier geboten ist. Auch wenn ich das meiste gar nicht nutze: Es ist da, und das finde ich toll. Das *Garden Restaurant* ist sehr gut, das *Trader Vic's, falk's Bar*, das ist alles top. Auch der Roomservice ist spitze, auf höchstem Niveau. Da fällt mir als Vergleich nur das Hotel Bel-Air in Los Angeles ein. Was mir übrigens auch sehr gut gefällt, ist das kleine Denkmal für Michael Jackson vor dem Hotel. Ich habe ihn zwar nie persönlich kennengelernt, fand ihn aber immer talentiert."

Eine Ausnahme von seinem Abschied als Produzent machte Ogerman dann doch. Mit der Jazzsängerin Diana Krall produzierte er zwei Alben. „Ich finde sie toll, ihr Gesangsstil ist sehr ‚unique'." Für „Quiet Nights" bekam er 2010 seinen zweiten Grammy, den ersten erhielt er 1980 für „Breezin'" von George Benson. „Vor kurzem kam Diana Krall mich besuchen. Wir saßen im *Trader Vic's* und sie wollte mich überzeugen, noch eine weitere Platte mit ihr zu machen. Die Plattenfirma bot jedes Orchester, das ich mir wünschte, in jeder Stadt der Welt. Doch ich habe abgewunken." Ogerman ist inzwischen 84. Sein ganzes Leben hat er für die Musik gelebt. Er hat mit den ganz Großen des Jazz gearbeitet und ist dabei selbst zu einer Legende geworden. Doch wenn man ihn fragt, welche der zahllosen Platten, die seinen Namen tragen, ihm ans Herz gewachsen sind, dann nennt Ogerman nicht das „Girl from Ipanema", keine Nummer-1-Hits, keine Bossa-nova-Stücke, sondern ohne lange zu überlegen: die Einspielungen eigener Kompositionen des Violinisten Gidon Kremer und der Mezzosopranistin Brigitte Fassbaender.

mid-90's, he returned to Germany and spent more time at the *Bayerischer Hof*. "What really impresses me is how much energy Innegrit Volkhardt puts into jazz concerts. Many musicians I knew in the US have played in the *Night Club* and ballroom. The *Bayerischer Hof* is like a small city. The *Garden Restaurant* is excellent, and *Trader Vic's* and *falk's Bar* are first class. Room service is top notch, just like the Hotel Bel-Air in Los Angeles. I also really like the small Michael Jackson memorial in front of the hotel. I thought he was amazingly talented."

Ogerman recently produced two albums with jazz singer Diana Krall. For "Quiet Nights", he received a second Grammy in 2010, after earning his first in 1980 for "Breezin'" by George Benson. "Diana Krall came by recently for a visit. We were sitting at *Trader Vic's* and she tried talking me into making another record with her. The record company would set me up with any orchestra in the world, but I turned it down." Now 84 years old, he has spent his life immersed in music and working with jazz celebrities, and became a legend himself. What are his favorite pieces from the many records bearing his name? Recordings of his own compositions played by violinist Gidon Kremer and mezzo-soprano opera singer Brigitte Fassbaender.

Ausgezeichnet!

Der *Bayerische Hof* und Innegrit Volkhardt gewinnen Jahr für Jahr zahlreiche Preise in den unterschiedlichsten Kategorien. Eine Auswahl:

✱

HOTEL BAYERISCHER HOF

Hotel des Jahres - *Gault Millau, Der Feinschmecker, Goldener Schlüssel Guide*
Platz 1 unter den Grandhotels Deutschlands - *Der Feinschmecker*
Bestes Business Hotel München - *Der Feinschmecker, Global Finance, €uro Magazin*
Best Business Hotel in Germany - *Business Destinations*
Über 10 Jahre unter den Top 3 der umsatzstärksten Hotels in Deutschland - *NGZ Der Hotelier*
Seit 2010 umsatzstärkstes Hotel Deutschlands mit über 59 Millionen Euro Umsatz - *AHGZ*
Bestes deutsches Hotel unter den 100 World's Best Hotels - *Institutional Investor*
Bestes City Hotel Deutschlands - *Diners Club Magazin*
Gewinner in der Kategorie „Classic Hotels" - *World Hotel Awards*
One of the Greatest Hotels - *Travel & Leisure*
Mitglied der Gold List - *Condé Nast Traveller*
One of the 50 Best Hotels Worldwide - *Institutional Investor*

FALK'S BAR

Bar des Jahres - *Aral Schlemmer Atlas*
Beste Bar Deutschlands - *Gault Millau*
Platz 1 unter den Hotelbars Deutschlands - *Der Feinschmecker*

RESTAURANT ATELIER

1 Michelin Stern - *Guide Michelin Gastroführer*
17 Punkte - *Gault Millau*

RESTAURANT GARDEN

Restaurant des Jahres - *Diners Club Magazin*
15 Punkte - *Gault Millau*

BLUE SPA

World's Best Spa City Resort - *Senses Spa Award*

INNEGRIT VOLKHARDT

Hotelmanagerin des Jahres - *Aral Schlummer Atlas*
Hotelier des Jahres - *NGZ Der Hotelier und Bertelsmann - Der Große Restaurants & Hotels Guide*
Gastgeberin des Jahres - *Der große Restaurant und Hotel Guide (Bertelsmann)*
Business Woman of the Year - *Senses Award*
Unternehmerin des Jahres - *Veuve Clicquot*
Visionärin des Jahres - *Diners Club Magazin*
Brillat Savarin-Plakette - *Fachverband für Führungskräfte aus Hotellerie und Gastronomie*
Staatsorden für besondere Verdienste um die Bayerische Wirtschaft - *Bayerische Staatsregierung*
Medaille für besondere Verdienste um Bayern in einem vereinten Europa - *Bayerisches Staatsministerium*
Bayerischer Verdienstorden - *Bayerische Staatsregierung*

FALK VOLKHARDT

Brillat-Savarin-Plakette - *Fachverband für Führungskräfte aus Hotellerie und Gastronomie*
Hotelier des Jahres - *NGZ Der Hotelier*
Bayerischer Verdienstorden - *Bayerische Staatsregierung*
Bundesverdienstkreuz - *Bundesrepublik Deutschland*

✱

The Bayerischer Hof, Falk and Innegrit Volkhardt have received numerous top awards in several categories.

Stand 2014

Michael Jackson

lebt – vor dem *Bayerischen Hof* zumindest im Angedenken seiner Münchner Fans. Für sie ist der Ort untrennbar mit dem Superstar verbunden, so sehr, dass sie täglich zu der Gedenkstätte kommen, die sie vor fünf Jahren dort errichtet haben.

Abgeschirmt
Michael Jackson 1998 auf dem roten Teppich. Oben: Mit Debbie Rowe und Prince Michael

Shielded
Michael Jackson 1998 on the red carpet at the Promenadeplatz. Above: With Debbie Rowe and Prince Michael

Nur wenige Meter vom Eingang des *Bayerischen Hofs*, am Promenadeplatz neben der silbernen Statue von Graf Montgelas, wird nun Jacksons Erinnerung gepflegt. An und auf dem Denkmal, das dort ursprünglich für den Komponisten Orlando di Lasso errichtet wurde. Denkmalschutz und Pietät gebieten, dass di Lassos Standbild und alle dazugehörigen Inschriften nicht überklebt oder beschädigt werden dürfen. So teilen sie sich seit Jacksons Tod 2009 den Sockel und führen eine friedliche Koexistenz, der Hofkapellmeister aus der Renaissance und der King of Pop.

Unter dem Namen „Mr. King" wurden Jackson, seine damalige Frau Debbie Rowe, Baby Prince Michael und seine Begleiter im Juli 1997 für drei Tage in mehreren Suiten im Palais Montgelas eingebucht. Jacksons Sonderwünsche hielten sich in Grenzen und waren bei Weitem nicht so bizarr, wie er gelegentlich eingeschätzt wurde: ein Luftbefeuchter, Blumen, 24 Dosen Fanta, Schweizer Käse. Ein Kaufhaus wurde besucht, im Spielzeuggeschäft Obletter zwei Steiff-Tiere gekauft, eine Kuh und ein Kalb. Security an jeder Tür, Haupteingang, Seiteneingang, *Trader Vic's*, Garage, ein Personenschützer direkt vor den Suiten – es war eine Gratwanderung, Sicherheit für einen Ausnahmemenschen zu gewährleisten und zugleich alle anderen Gäste vor Unannehmlichkeiten zu bewahren und den *Bayerischen Hof* nicht in ein Krisengebiet zu verwandeln. Anfrage des Managements von Mr. King: Können die Fans Hausverbot bekommen? Antwort *Bayerischer Hof*: Nein.

Der Aufenthalt lief glatt, Michael Jackson kam mehrmals wieder, im März 1998 sogar für drei Wochen. Er besuchte seinen Freund Marcel Avram, kaufte so viele Stofftiere, Bücher und Videos, dass ein Container nach Kalifornien verschifft werden musste, besuchte die bayerischen Königsschlösser und mit seinem Sohn den Circus Krone. Nur eine

Michael Jackson lives – just outside the Bayerischer Hof, *at least in the hearts of his Munich fans. For them, the location is inseparably linked to the superstar.*

They come daily to visit the memorial erected there five years ago. Just a few meters from the entrance to the *Bayerischer Hof*, on Promenadeplatz, next to the aluminum statue of Count Montgelas on the monument originally intended for Orlando di Lasso, is where Jackson's memory lives on. Heritage protection laws and cultural piety require that di Lasso's statue and its inscriptions not be removed or damaged. As a result, since Jackson's death in 2009, the Renaissance court composer and the King of Pop have shared a pedestal and led a peaceful coexistence.

Suites had been reserved under the name "Mr. King" in the Palais Montgelas for Jackson, his then wife Debbie Rowe, baby Prince Michael and their attendants for three days in July 1997. For a celebrity, Jackson's wish list was short and by no means as bizarre as often attributed to him: a humidifier, flowers, 24 cans of Fanta, and Swiss cheese. A department store was visited and two Steiff stuffed animals (a cow and a calf) purchased at Obletter's toy store. There was security at every door, including the main and side entrances, *Trader Vic's* and the garage, with a bodyguard on duty directly outside the suites. It was a tough balancing act to maintain security for a star and at the same time protect other guests from inconvenience and keep the *Bayerischer Hof* from turning into a security zone. Mr. King to management: Can fans be banned from entering the hotel? Answer from the *Bayerischer Hof*: No.

In fact, the stay went smoothly, and Jackson returned a number of times, even staying for three weeks in March 1998. He visited his friend Marcel Avram, bought so many stuffed animals, books and videos that a container had to be shipped back to California. He toured Bavarian royal palaces and went to the

King of Pop
Am Sockel des Denkmals für Orlando di Lasso gedenken Fans Tag für Tag ihres Idols.

King of Pop
At the base of the monument for Orlando di Lasso fans honor their idol daily.

Frage blieb offen: Was war mit der Bettwäsche im Wert von mehr als 7000 Mark geschehen, die damals aus den Suiten verschwand – hatte die Jackson-Entourage etwa die Pilati-Entwürfe mitgehen lassen? Die Antwort wissen die Fans: Ein Teil der inzwischen signierten Kissen und Laken flog zu ihnen auf den Promenadeplatz. Es waren regnerische Tage, ungemütlich, die Laken sollten ihnen die Wartezeit hinter den Absperrungen angenehmer machen. „I love you" schrieb er ihnen aufs Leinen.

Nena Akhtar, Vorsitzende der Michael-Jackson-Fan-Vereins besucht die Gedenkstätte fast täglich. Sie und ihre Feen tauschen laminierte Fotos aus, legen Fanpost nieder, bringen frische Blumen. Ein Stadtrat hat den Fans angeboten, eine Statue für Michael Jackson im Olympiastadion aufzustellen, dort, wo er seine Konzerte gab. Doch für seine größten Fans gehört das Gedenken vor den *Bayerischen Hof,* an jenen Ort, wo seine Fans in Hunderschaften darauf warteten, dass er sich am Fenster zeigte. Als die Nachricht von seinem Tod bekannt wurde, strömten sie zum *Bayerischen Hof,* ohne Absprache. Seither ist die Gedenkstätte am Promenadeplatz so untrennbar mit Michael Jackson verbunden wie kein Ort in Deutschland. Bis heute.

Mittlerweile zählt sie zu den populärsten Denkmälern der Stadt – gerade deshalb, weil sie nicht in Stein gehauen, sondern aus vergänglichen Andenken wie Blumen, Briefen und Bildern besteht.
Zu jeder Tageszeit sieht man Fans oder Passanten, die die Gaben für den King of Pop inspizieren – und manchmal, wenn, man Glück hat, einen Doppelgänger, der dort den Moonwalk tanzt.

Krone Circus with his son. Only one question remains: What happened to those bed linens worth more than DM 7,000 that disappeared from the suites – did the Jackson entourage take the Pilati designs home with them? Fans know the real answer: Pillowcases and sheets, signed by the King of Pop, fluttered down to them on Promenadeplatz. The weather was rainy and to make waiting behind the barriers a little more pleasant for his fans, bed linens were dropped, bearing Michael's message: "I love you."

Nena Akhtar, President of the Munich Michael Jackson Fan Club, visits the memorial almost daily. She and her helpers change the laminated photos, replace the fan mail and bring fresh flowers. One city councillor proposed placing a Michael Jackson statue at the Olympic Stadium, where he gave his concerts. But to his biggest fans, the memorial belongs just outside the *Bayerischer Hof,* where fans in the hundreds waited for him to appear at a window. As the news of his death spread in 2009, they streamed unbidden to the *Bayerischer Hof.* Since then, the Promenadeplatz memorial has been inseparably associated with Michael Jackson.
In fact, it is now one of the city's most popular monuments – not least because it is made not of stone but of ephemeral offerings: flowers, letters and photographs. At any time of day, fans or just passersby can be seen inspecting gifts left for the King of Pop – and sometimes, when they are lucky, they encounter an impersonator moonwalking.

Musik-STARS

Egal, ob Pop-, Soul-, Folk- oder Hard-Rock-Musiker – wer auch immer in den letzten 50 Jahren in München ein Konzert gab im Circus Krone, in der Olympiahalle oder unter freiem Himmel: Am nächsten Morgen wachten die meisten Künstler im *Bayerischen Hof* auf. Zu Bruch ging dabei – entgegen einem weit verbreiteten Vorurteil – erstaunlich wenig.

Music Stars Pop, Soul, Folk or Hard Rock! Most musicians who performed in Munich in the past 50 years in Circus Krone, in the Olympiahalle or Open Air woke up the next morning in the *Bayerischer Hof*. Despite widespread prejudice – they didn't break much at all during their stay.

axel Vervoordt

ist einer der einflussreichsten Interiordesigner der Gegenwart, außerdem Kunsthändler und Galerist. Zu den Kunden des Belgiers zählen Prominente aus der Film- und Musikbranche ebenso wie Unternehmer, Politiker und Kunstsammler aus der ganzen Welt. Seit dreißig Jahren wohnt er mit seiner Familie auf Schloss Gravenwezel in der Nähe von Antwerpen. Der Sitz seines Unternehmens befindet sich außerhalb der Stadt auf einem großen Industriegelände, in Antwerpen unterhält Vervoordt eine Galerie, eine weitere in Hongkong. Die Gestaltung der Restaurants *Atelier* und *Garden* 2009 sowie der *astor@Cinema-Lounge* 2011, dem hauseigenen Kino im *Bayerischen Hof,* war der erste Auftrag, den Vervoordt für ein Hotel übernahm.

Bar des *Atelier* und *Garden*
Bar at Atelier *and* Garden

Herr Vervoordt, Sie haben Ihre berufliche Laufbahn als Kunsthändler begonnen – erinnern Sie sich noch, wie es dazu kam, dass Sie Innenarchitekt wurden?
Ich unterhielt damals kein eigenes Geschäft, sondern verkaufte die Kunst in meiner Wohnung. Außerdem hatte ich mir zur Regel gemacht, nur Dinge zu erwerben, die mir selber gefielen. Ich glaube, die Leute mochten einfach die Art, wie ich mich eingerichtet hatte. Und dann haben mich Kunden gefragt, ob ich das nicht auch in ihrem Haus tun könne.

Heute sind Sie einer der erfolgreichsten Interior Decorators weltweit. Was inspiriert Sie bei Ihrer Arbeit am meisten?
Kunst und Philosophie, manchmal auch Musik. Und ich habe viele Künstlerfreunde, mit denen ich häufig spreche. So intensiv über Kunst und ihre Bedeutung nachzudenken, gibt der Beschäftigung damit eine andere Dimension. Das empfinde ich als sehr anregend für meine Arbeit als Gestalter.

Sie sind bekannt dafür, europäische und asiatische Einflüsse zu vermischen …
Ich finde Vielfalt interessant. Und ich versuche, in unterschiedlichen Gegenständen das Allgemeingültige, Universelle zu entdecken. Wo Ost und West sich treffen, da ist, glaube ich, die Zukunft.

Was können wir Europäer vom Zen-Buddhismus oder der japanischen Wabi-Sabi-Philosophie lernen?
Ich kann Ihnen nur sagen, was ich davon gelernt habe: In allem die globale Dimension zu sehen und dann lokal zu handeln. Mit wenig viel zu erreichen. Und zu verstehen, dass das Vergängliche und das Ewige immer miteinander ringen – und dass man sich dazu irgendwie verhalten sollte. Dazu gehört auch, dass ich mich bemühe, einem für sich genommen bescheidenen Gegenstand eine noble neue Existenz zu verleihen. Und dass ich alles vermeide, was nur bloße Dekoration ist.

Bei den Farben bevorzugen Sie gedeckte, erdige Töne. Wählen Sie die intuitiv aus oder haben Sie da ein System?
Bei mir ist immer alles Intuition, das Nachdenken kommt später. Und ich liebe das Monochrome sehr. Nur so kommt die Ausdruckskraft, die in einer Farbe steckt, wirklich zur Geltung.

Sie arbeiten oft viele Monate an Ihren Entwürfen. Wann wissen Sie, dass ein Design gelungen ist?
Wenn jemand in sein neues Haus einzieht und es aussieht, als hätte er dort schon sein ganzes Leben gewohnt. Wenn sich das Gefühl von Zeitlosigkeit einstellt – und von Wärme. Es hat mir schon immer gefallen, wenn ein Zuhause warm und behaglich wirkt. Und wenn jeder Raum eine eigene Atmosphäre hat.

2007 haben Sie während der Kunstbiennale in Venedig die Schau „Artempo. Where Time becomes Art" kuratiert. Die FAZ schrieb damals,

Skulptur im *Garden*
Sculpture in the Garden *Restaurant*

He is one of the most influential interior designers of our time. His customers include prominent figures from all over the world. For the last 30 years he has lived with his family at Gravenwezel Castle near Antwerp. The company's headquarters are located at 'Kanaal,' a large industrial site in Wijnegem near Antwerp, but there is also a gallery for contemporary art in the center of Antwerp and one in Hong Kong. The design project for the Atelier and Garden restaurants in 2009 as well as the Astor Cinema-Lounge, the Bayerischer Hof's in-house movie theater, in 2011 was the first contract Vervoordt had accepted for a hotel.

Mr. Vervoordt, you started your career as an art dealer. How did you end up becoming an interior designer?
I didn't have a shop back then, I just sold art out of my home. I think people simply liked the way I had decorated my place and asked me if I could do that for them.

Today you are one of the most successful interior decorators in the world. What inspires you most?
Art and philosophy, sometimes music. And I have many artist friends. Thinking about art and its meaning lends another dimension to the work.

das sei von allen Biennale-Ausstellungen die beste gewesen …
Dass „Artempo" ein solcher Erfolg werden würde, hätte ich nie gedacht. Ich wollte diese Ausstellung machen, weil ich der Überzeugung war, dass die Zeit der größte Künstler überhaupt ist. Und ich wollte unbedingt, dass diese Schau, in der es um alte Dinge, um Patina ging, während eines Festivals mit zeitgenössischer Kunst läuft.

Wo verläuft für Sie die Grenze zwischen Kunst und Gestaltung?
Das hängt davon ab, wie man die Begriffe definiert. Für mich kann gutes Design Kunst sein. Es gibt auf jeden Fall viele Berührungspunkte: der Umgang mit dem Material, der Sinn für Proportionen, die Suche nach dem Neuen, nach gesellschaftlichen Visionen.

Zwei Jahre danach zeigten Sie noch mal eine Ausstellung in Venedig, die „In-Finitum" hieß und vom Unvollendeten handelte …
Auf einer Reise nach Japan habe ich einmal das Atelier des Künstlers und Designers Isamu Noguchi besucht. Dabei fiel mir eine Reihe von unvollendeten Skulpturen auf, die dort seit Noguchis Tod ausgestellt werden. Die fand ich viel interessanter als die fertigen. Beim Menschen ist das genauso: Wir sind nicht perfekt. Und wenn man es trotzdem anstrebt, endet das nur in Frustration. Für mich ist das Unfertige etwas Wunderbares, weil es der Imagination hilft, sich zu entfalten.

In Ihrer Laufbahn haben Sie aus Prinzip nur private Wohnungen gestaltet, unter anderen für Katia und Marielle Labèque, Calvin Klein und Sting. Vor fünf Jahren dann designten Sie im Bayerischen Hof *zum ersten Mal öffentliche Räume: zwei Restaurants und dann ein kleines bezauberndes Kino. Wie kam es zu diesem Sinneswandel?*
Früher war es so, dass ich immer genau wissen wollte, für wen ich einen Auftrag ausführe. Deswegen schieden öffentliche Orte von vorn herein aus. Aber Innegrit Volkhardt war so überzeugend und auch so hartnäckig, dass ich ihr nicht widerstehen konnte. Für mich war das eine tolle Erfahrung. Und ich denke, dem *Bayerischen Hof* hat es auch gutgetan.

Wie sind Sie dabei konkret vorgegangen?
Ich habe mich gefragt, wie ein Restaurant in München aussehen müsste, in das ich selbst gerne gehen würde. Wie würde ich hier essen, was würde ich dabei am liebsten sehen, wodurch könnte ich am besten neue Energie schöpfen? Wenn Sie so wollen, war die Person des Auftraggebers in dem Fall ich.

Dafür haben Sie nicht nur die Architektur verändert und die Möbel ausgesucht, sondern auch festgelegt, welche Tischsets man dort künftig zu benutzen hat, welche Blumen auf den Tischen stehen. Sogar welche Kleidung das Personal zu tragen hat – nämlich elegante blaue Kittel von Dries van Noten. Muss ein Interiordesigner Kontrolle über jedes Detail haben, wenn er Räume gestaltet?
Es geht dabei nicht um die Details oder jemanden bis ins letzte zu kontrollieren. Sondern darum, das Gefühl einer stimmigen Einheit

You are known for mixing European and Asian influences…
Variety and diversity are fundamentally interesting. And I try to uncover the universal absolutes in different objects. Where East meets West, that's the future.

What can Europeans learn from Zen Buddhism or Wabi-Sabi?
I can only tell you what I've learned. See the global dimension in everything and then act locally. Achieve a lot with very little. Understand that the transient and the eternal are always in conflict. For me, this includes taking a modest object and giving it a noble new existence. I avoid the simply decorative.

You prefer muted earth tones for colors. Do you choose them instinctively?
Everything is intuition with me, thinking comes later. And I love monochromes to show the expressiveness contained in a color to its best advantage.

How do you know that a design is successful?
When people move into their home and it looks like they've lived their whole lives there already. When a feeling of timelessness and warmth sets in, when every room has its own atmosphere.

You curated the "Artempo. Where Time becomes Art" show at the Art Biennale in Venice in 2007. The Frankfurter Allgemeine Zeitung *wrote that it was the best exhibit…*
I never expected "Artempo" to be such a success. I was convinced that time is the greatest artist, and I wanted the show, which is about old things and patina, to run during a festival with contemporary art.

Where do you see the line between art and design?
Good design can be art. They have many things in common: working with the material, the sense of proportion, searching for something new.

Two years later you did another exhibit in Venice called "In-Finitum" which dealt with the unfinished and infinity…
I once visited the studio of artist and designer Isamu Noguchi, and noticed a row of unfinished sculptures that had been displayed there since his death. They were far more interesting than the finished ones. It's the same with people: If we try to be

zu kreieren. Es sollte alles aus ein und demselben Geist entstehen, authentisch und echt sein. Deshalb die Blumen und Pflanzen und blauen Kittel. Das Konzept muss als Ganzes in allen Einzelheiten erfahrbar sein.

Wie man hört, beabsichtigen Sie, bald wieder im Bayerischen Hof *tätig zu werden – was können Sie jetzt schon über das neue Projekt sagen?*
Leider nicht viel. Im Moment geht es erst um die architektonischen Veränderungen. Wenn das erledigt ist, kann das Innere gestaltet werden. Ich würde die Räume gerne so designen, dass keiner aussieht wie der andere. Ich freue mich sehr auf diese Projekt.

Garden. Salon

perfect, it ends in frustration. For me, the unfinished is something wonderful because it helps the imagination to unfold.

Throughout your career you only decorated private residences. Then five years ago you designed public spaces for the first time: two restaurants and after that a small, enchanting movie theater in the Bayerischer Hof. *How did this change of heart come about?*
Early on I wanted to know who I was designing for, which ruled out public spaces by definition. But Innegrit Volkhardt was so persuasive and persistent. It was a great experience.

How exactly did you proceed with the project?
I asked myself what type of restaurant in Munich I would want to visit, how it should look. So the client was me, so to speak.

You designed the architecture and furniture and table settings. Even the staff uniforms. Does an interior designer need to have control over every last detail?
It's about creating a feeling of harmonious unity rather than controlling every single aspect – it should be authentic and real. The whole concept must be tangible in every detail.

We've heard you're planning to work at the Bayerischer Hof *again – what can you say about that right now?*
Not much. The architectural changes come first, then we can start on the interior design. I would like to design the rooms so that each one is different and am looking forward to this project.

GROSSE KUNST

Mit ihrem Sinn für die Schönheit begründeten
die Wittelsbacher den Ruf Münchens als internationale Kunststadt.
Ob Maler, Architekten, Bildhauer oder Fotografen:
Wer an die Isar kommt, um seine Werke zu zeigen, bleibt in der
Regel auch ein paar Tage im *Bayerischen Hof*. Ein Auszug aus der Gästeliste.

*The Wittelsbach family and their support of fine arts solidified
Munich's international reputation as a city of the arts.
Painters, architects, sculptors or photographers – they all came to
the city on the river Isar to show their skills – and
most of them stayed at the* Bayerischer Hof *for a few days. An extract
from the guest list.*

Ludwig Mies van der Rohe · Gerhard Richter · Cerith Wyn Evans · Helmut Newton · Robert Rauschenberg · Jean-Jacques Sempé · Oliviero Toscani · Philippe Starck · Janosch · Zaha Hadid · Anish Kapoor · Frank Stella · Markus Lüpertz · John Chamberlain · Thomas Ruff · Peter Anton · James Rizzi · Jeff Wall · Cindy Sherman · Ed Ruscha · Andreas Gursky · Gilbert und George · Hans Ulrich Obrist · Jonathan Meese · Norman Forster · Erwin Wurm · Jeff Koons · Lawrence Weiner · Jenny Holzer · Billy Sullivan · Max Liebermann · Georg Baselitz

Das von Vervoordt gestaltete *Atelier*

The Atelier *designed by Vervoordt*

JEFF KOONS

ist einer der ganz großen Künstler der Gegenwart und regelmäßig Gast im *Bayerischen Hof*, häufig über Silvester. Koons, der in New York lebt, begründete mit der Skulpturenserie *Banality* Ende der 80er-Jahre seinen Ruf als Chronist der modernen Welt.

Jeff Koons

I HAVE ALWAYS LOVED STAYING AT THE BAYERISCHER HOF. OVER THE YEARS THRU SEVERAL BODIES OF ARTWORK I'VE STAYED HERE. WITH GREAT FONDNESS. JEFF KOONS
6/26/07

„Seit meinem ersten Besuch im Jahr 1987 bin ich immer gern in den *Bayerischen Hof* gekommen. Als ich meine *Banality*-Schau begann, war ich meist zweimal im Monat hier. Für mich ist der *Bayerische Hof* ein Symbol für bayerische Lebensart. Wenn Sie sich hier umschauen, werden Sie feststellen, dass sich einiges in meinen Kunstwerken wiederfinden lässt, so die Barockspiegel in der Eingangshalle in meinem Werk *Wishing Well*. Ich hatte immer schon eine Schwäche für dieses Hotel."

"I have enjoyed staying at the *Bayerischer Hof* in Munich since my first visit in 1987. When I started working on my *Banality* show, I would come and stay at the Hotel for at least two weekends a month. The *Bayerischer Hof* has always been a symbol to me of Bavarian lifestyle. If you look in the hallways, you can find different references that I placed in some of my *Banality* artworks. For example, I adapted some of the Baroque mirrors in the halls into my work, *Wishing Well*. I've always loved the hotel."

AUS DEM GÄSTEBUCH
from the guestbook

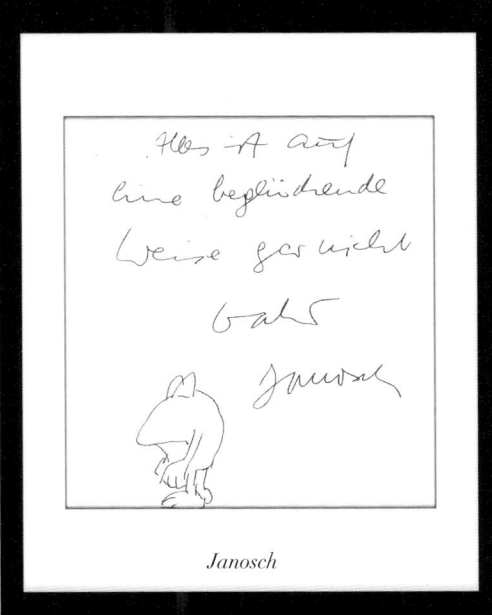
Janosch

Jonathan Meese

James Rizzi

Isabel Allende

Erwin Wurm

Dachgarten-Lounge am Abend
Roof Garden Lounge in the evening

Raumkunst
Holz und Stein sind die dominierenden Materialien im Dachgarten.

Room art
Wood and stone are the dominant materials in the roof garden

PATRICK JOUIN & SANJIT MANKU

standen vor einer kniffligen Aufgabe, als sie sich 2012 am Architekturwettbewerb des *Bayerischen Hofs* beteiligten.

Sie lautete, den lang gestreckten Frühstücksraum in einen Dachgarten zu verwandeln, der von früh morgens bis spät abends einladend wirkt. Andrée Putmans *Blue Spa,* Axel Vervoordts Restaurants, der *Cinema Lounge* und der Bar von Pilati sollte er ebenfalls nicht nachstehen und dabei eine ganz eigene Handschrift tragen. Das Designduo aus Paris, das München damals nur aus Erzählungen kannte, ließ sich auf der Suche nach Inspiration zunächst durch die Stadt treiben, um Eindrücke zu sammeln. „Wer versteht zuzuhören", so das Credo der beiden, „der hört, wie die Stadt zu einem spricht."

Beeindruckt haben den Franzosen Jouin und den in Kanada aufgewachsenen Inder Manku etwa der Wittelsbacher Brunnen, nur ein paar hundert Meter vom *Bayerischen Hof* entfernt gelegen, am Übergang vom Lenbach- zum Maximiliansplatz. Die Marmorskulpturen waren, wie immer im Winter, mit Holz verkleidet. Für die beiden gab dieses Bild ein entscheidenden Anstoß für die Wahl ihrer Grundmaterialien, Stein und Holz.

Entstanden ist auf diese Weise ein Ort, der subtile Weltläufigkeit verbreitet. Jouin und Manku unterbrachen die längliche Form des Raums mit drei Nischen. Nussbaumholz, Muschelkalk, Stoffpaneele und unterschiedliche Lichtszenarien schaffen eine intime Atmosphäre. Spots beleuchten die Tische, sanftes Gegenlicht die Nischen. Mit Blick auf die Silhouette Münchens kann man im Dachgarten frühstücken, abends den Tag in einer Nische ausklingen lassen oder am ellipsenförmigen Kamin einen Drink nehmen. Oder am Pool des *Blue Spa,* der sich an den Dachgarten anschließt, eine Party feiern. Wie ist es ihnen gelungen, all dieses in einem Raum zu vereinen? Ihre Antwort ist plausibel und gibt doch nicht alles preis: „Strenge und Ruhe, viel Licht, ein wenig Mysterium und etwas Verzauberung."

Jouin & Manku faced a tricky task when competing for the project of redesigning part of the Bayerischer Hof. *It entailed transforming the elongated breakfast area into a rooftop garden to draw guests from dawn until dusk. It needed its own signature touch and the pedigree of other notable locales such as Andrée Putman's* Blue Spa *and Alex Vervoordt's restaurants. The Paris-based design duo sought inspiration in the streets of Munich, finding it in the Wittelsbach Fountain, located only a few hundred meters from the* Bayerischer Hof. *The fountain's marble sculptures were clad in wood for the winter, which gave them the idea of using stone and wood for their materials.*

The two created a subtly cosmopolitan venue, breaking the room into three separate alcoves done in walnut, shell limestone, fabric panels, and with various types of lighting to create an intimate ambiance. With a view of the Munich skyline, guests can enjoy breakfast in the rooftop garden, wrap up an evening in an alcove, or sip drinks by the elliptical fireplace. How did they put all these features into one room? "Strict discipline, peace, a lot of light combined with a dash of mystery and a little bit of magic."

Lichtbilder
Spots auf die Tische und indirekte Beleuchtung in den Nischen zaubern Intimität.

Images of light
Spotlights on tables, indirect lighting in the alcoves create magic and intimacy.

„WER VERSTEHT ZUZUHÖREN, DER HÖRT, WIE DIE STADT ZU EINEM SPRICHT."

Birds Nest auf der Dachterrasse mit Blick auf Frauentürme und die Altstadt

Bird's Nest at the Roof Terrace with view of the towers of the Frauenkirche and downtown

Namensregister

Adorf, Mario 81, 84, 86, 88, 94, 95, 97
Aga Khan, Prinz 56
Akhtar, Nena 202
Alaïa, Azzedine 156
Albert, Joseph 28
Alexander, Peter 161
Ali, Muhammad 116 f.
Allen, Woody 213
Armani, Giorgio 112
Ashley, Laura 104
Avram, Marcel 201
Bach, Thomas 117
Bahr, Egon 184
Baker, Josephine 109
Bartl, Jürgen 108
Barylli, Gabriel 49
Bassey, Shirley 73
Bauer, Felice 40, 41
Baumgartner, Felix 111
Baur, Gregor, 104
Beckenbauer, Franz 108
Beckenbauer, Heidi 108
Benson, George 197
Berben, Iris 84, 88
Berben, Oliver 88
Berger, Senta 88, 92
Bergmann, Ingrid 114
Biasini, Daniel 87
Biden, Joe 183
Böhm, Karlheinz 114
Bönisch, Margit 49, 137
Brandauer, Klaus Maria 86,
Brod, Max 41
Bruhn, Christian 161
Buchholz, Horst 114
Buñuel, Luis 120
Burda, Franz 73
Burda, Hubert 73
Burke, Solomon 196
Campos, José 86
Cardinale, Claudia 73
Carreras, José 197
Carstensen, Uwe 91
Cash, Johnny 49
Cher 70
Clark, Stanley 114
Clinton, Hillary 181 f.
Cohn, Arthur 57, 68 f., 86
Corea, Chick 187
Craig, Daniel 91
Crosby, Bing 71
De Niro, Robert 141
Deneuve, Catherine 86
Desmarées, Georges, 25
di Lasso, Orlando, 201
Di Meola, Al, 141, 187
Diaz, Cameron, 131
Dietl, Helmut 81, 86, 94 f.
Domingo, Placido 142
Dorly, Jack 68
Dörrie, Doris 88
Douglas, Kirk 72, 73, 114
Douglas, Michael 87
Dunn, Richard 117
Eichinger, Bernd 84, 86
Eichinger, Katja 88
Eisner, Kurt 42
Ellington, Duke 73
Elsner, Hannelore 48, 91
Endriss-Wicki, Elisabeth 88
Evans, Ron 141
Everding, August 49, 137
Fassbaender, Brigitte 197

Ferres, Veronica 86, 98
Fischer, Joschka 176, 185
Fischer, O. W. 73
Fitz, Florian David 88
Fitzgerald, Ella 73
Foreman, George 117
Frazier, Joe 117
Frankenfelder, Peter 72
Freud, Sigmund 34 f.
Friedrich III. 32
Fröbe, Gert 72
Fuchsberger, Joachim 48, 113
Garbarek, Jan 136, 137
Garrett, David 111
Gauck, Joachim 177, 183
Geisel, Marie 131
Geisel, Sophie 131
Getz, Stan 196
Giscard D'Estaing, Valerie 184
Glas, Uschi 48
Goltz, Hans 40
Goodman, Benny 169
Gottschalk, Thomas 142, 160 f.
Gracia Patricia, Fürstin 49
Graeter, Michael 81, 98
Gulda, Friedrich 186 f.
Haden, Charlie 141
Haffenloher, Heinrich 81, 94, 97
Hancock, Herbie 114
Harrison, George 114
Hawn, Goldie 86
Heltau, Michael 49
Hemingway, Ernest 69
Hemmelrath, Helmut 97
Henne, Sabine 56
Herzog, Roman 74, 178
Hielscher, Margot 114
Hill, Virgil 117
Hitler, Adolf 182
Hooper, Hedda 80
Hubbard, Freddie 196
Ischinger, Wolfgang 183
Jackson, Mahalia 49
Jackson, Michael 66, 196, 200 f.
Jackson, Prince Michael 201
Jackson, Samuel L. 111
Jagger, Mick 137, 213
Janosch 70
Jansons, Mariss 170 f.
Jobim, Antônio Carlos 196
Joel, Billy 141
Jones, Quincy 196
Joop, Wolfgang, 111
Jouin, Patrick, 216
Juhnke, Harald, 91
Jung, C. G., 34 f.
Jurgan, Hans Wolfgang 90
Jürgens, Curd 84, 85, 86
Jürgens, Margie 85
Kafka, Franz 40 f.
Kästner, Erich 140 f.
Kiefer, Vinzenz 88
King, Ben E. 196
Kinski, Klaus 87
Kinski, Minhoi 87
Kissinger, Henry 63, 182, 184, 185
Kitt, Eartha 73
Klein, Calvin 112, 207
Knef, Hildegard 57
Kneipp, Sebastian 31
Koch, Sebastian 88
Kohl, Helmut 185
Koons, Jeff 212

Krall, Diana 197
Kraus, Katrin 88
Kreisler, Georg 161
Kremer, Gidon 197
Kroetz, Franz Xaver 94
Krüger jr., Hardy 88
Kunz, Cecilia 88
Labeque, Katia 207
Labeque, Marielle 207
Lagerfeld, Karl 110, 156
Lang, Helmut 112 f.
Lauterbach, Heiner 48, 88, 116 f.
Leander, Zarah 114
Leng, Soo 177
Lennon, John 114
Lingen, Theo 46, 47
Lins, Ivan 141
Loren, Sophia 73, 87, 144
Loriot 49
Ludwig I., König 10 f., 20, 136, 177
Ludwig II., König 28, 29
Luitpold, Prinzregent 32
M'Barek, Elyas 88
Maison, Rudolf 32
Makatsch, Heike 91
Makeba, Miriam 141
Mamet, David 49
Mandoki, Lara 88
Mandoki, Leslie 88
Manku, Sanjit 216
Margaret, Prinzessin 56
Markwort, Helmut 88
Martin, Andrew 167
Maske, Henry 117
Matthieu, Mireille 161
Maugham, W. Somerset 49
Max Joseph I., König 24
Maximilian II., König 15, 28
Maximilian III., König 25
May, Michaela 48
McCartney, Paul 114
McLaughlin, John 142
Merkel, Angela 185
Meyerbeer, Giacomo 28
Mihanovic, Iva 88
Minelli, Liza 114, 213
Mitterer, Johannes 108
Möller, Ralf 131
Montez, Lola 15
Moore, Roger 87
Moscowicz, Martin 88
Moser, Hans 66
Moshammer, Rudolph 112
Mozart, Wolfgang Amadeus 187
Müller-Elmau, Dietmar 163 f.
Mueller-Stahl, Armin 91
Müller, Johannes 164
Muliar, Fritz 97
Mutter, Anne-Sophie 196
Napoleon III. 24
Neubauer, Christine 86
Nicholson, Jack 131
Noguchi, Isamu 207
Obermaier, Johann (Hunter) 63, 66, 76, 80 f., 97, 98
Ochsenknecht, Uwe 48
Ogerman, Claus 196 f.
Ostermaier, Albert 126 f.
Parsons, Louella 80
Paryla, Nikolaus 48
Paul, Christiane 88
Pehlevan, Tashim 142

Peterson, Oscar 196
Piaf, Edith 49
Pilati, Margit Gräfin 125
Pilati, Siegward Graf 57, 102 f., 118, 125, 202, 216
Porsche, Susanne 88
Presley, Elvis 190
Preuss, Josefine 88
Pucci, Emilio 80, 112, 136
Puente, Tito 141
Putin, Wladimir 176, 185
Putman, Andrée 147, 154 f., 216
Reiss, Helmut 57, 60 f.
Reitzle, Wolfgang 178
Reuten, Thekla 88
Reyer, Cordula 113
Richie, Lionel 143
Riekel, Patricia 88
Rilke, Rainer Maria 41
Rizzi, James 70
Rockefeller, Happy 114
Rockefeller, Nelson 114
Rohrbacher, Alba 88
Rökk, Marika 114
Ross, Diana 73
Rossellini, Roberto 114
Rowe, Debbie 201
Rühmann, Heinz 114
Rumsfeld, Donald 176, 185
Sägebrecht, Marianne 114
Sander, Karin 22
Schachinger, Gabriel 29
Schachinger, Irene 29, 44, 48, 49, 56, 82, 143
Scheel, Walter 63
Schell, Maria 72, 114
Schell, Maximilian 84, 86, 88, 144
Schiffer, Claudia 91
Schleich, Erwin 49
Schmeling, Max 72
Schmidt, Helmut 182, 184
Schneider, Helge 197
Schneider, Romy 73, 84, 86, 87
Schreiber, Manfred 57, 62 f.
Schröder, Heike 142
Schumann, Charles 118 f., 126
Schwarzenberger, Xaver 88
Schwarzenegger, Arnold 131
Schwarzkopf, Elisabeth 196
Schweiger, Til 91
Seehofer, Horst 88
Seehofer, Karin 88
Sellers, Peter 56
Shorter, Wayne 114
Sigl, Norbert 131, 134
Siglmüller, Hilde 188
Simmons, Jean 114
Simon, Neil 49
Sinatra, Frank, 196
Sommer, Elke, 56, 86
Sommer, Sigi, 76,
Soraya, Prinzessin 114
Spremberg, Benno 96
Springsteen, Bruce 114
Starck, Philippe 123
Starr, Ringo 114
Stehr, Manuela 88
Stein, Birgit 90
Stielen, Joseph Karl 15
Sting 196, 207
Stoiber, Constanze 88
Stoiber, Edmund 88, 174 f.

Stoiber, Karin 177
Strauß, Franz Josef 56, 63, 86, 176, 178
Streep, Meryl 69
Streisand, Barbra 196
Süskind, Patrick 96, 98
Teltschik, Horst 183
Tiller, Nadja 73
Tower, John 183
Trenker, Luis 109
Ude, Christian 88
Ustinov, Peter 86
Valentin, Barbara 98
van Houten, Carice 88
Van Noten, Dries 207
Vander Eecken, Dirk 141
Verdi, Giuseppe 27
Verhoeven, Michael 88
Vervoordt, Axel 141, 142, 148, 204 f., 216
Victoria, Kaiserin 32
Vogel, Hans-Jochen 144
Volkhardt, Anna-Nanette 31
Volkhardt, Erika 56, 57, 65 f., 69, 81, 108, 112, 114, 137
Volkhardt, Ernst 32
Volkhardt, Falk 46, 49, 54 f., 102, 113, 124, 130, 136, , 179, 199
Volkhardt, Gottlieb 31
Volkhardt, Hermann 29, 32, 44 f.
Volkhardt, Herrmann 30 f.
Volkhardt, Innegrit 56, 65, 68, 69, 90, 94, 116, 118, 126, 127, 128 f., 160, 164, 179, 186, 196, 199, 207
Volkhardt, Michaela 56, 65, 69, 131, 137
Volkhardt, Wilhelm 32
von Arco auf Valley, Anton Graf 43
von Auersperg, Hetty 109
von Bartels, Hans 32
von Bohlen und Halbach, Arndt 109
von Bülow, Cosima 28
von Bülow, Hans 28
von Gärtner, Friedrich 12, 15, 16 f., 177
von Herigoyen, Emanuel Joseph 25
von Kleist, Ewald-Heinrich 182
von Klenze, Leo 12, 16 f.
von Lenbach, Franz 32
von Maffei, Joseph Anton 15, 18, 20
von Max, Gabriel 32
von Montgelas, Maximilian Graf 22 f., 178
von Österreich, Kaiserin Elisabeth 32
Waalkes, Otto 70
Wagner, Richard 26, 37
Waldburg, Marie 88
Wangemann, Frank 68
Welser-Ude, Edith 88
Wicki, Bernhard 88
Williams, Robbie 6
Wortmann, Sönke 88
Wurm, Erwin 213
Zawinul, Joe 187
Zehetbauer, Rolf 130, 167

Quellen

Bauer, Hans-Joachim: Richard Wagner, Berlin 1995, S. 335-37 · Binder, Hartmut: Kafkas Welt: Eine Lebenschronik in Bildern, Reinbek 2008 · Conte Corti, Egon Caesar: Ludwig I., München 1960 · Dahmen, Ute: Franz Burda, Geschichten eines Lebens, Petrarca Verlag, 2011 · Gregor-Dellin, Martin: Richard Wagner, München 1982 · Dirrigl, Michael: Ludwig I. König von Bayern 1825–1848 (= Studien zur Literatur-, Kunst-, Kultur- und Geistesgeschichte Bayerns, Bd. I), München 1980 · Doeberl, Michael: Entwicklungsgeschichte Bayerns (Bd. III), München 1931 · Drost, Ludwig: König Ludwig I. von Bayern in seinen Briefen an seinen Sohn den König Otto von Griechenland, Bamberg 1891 · Deutsche Künstler um Ludwig I. in Rom, Staatliche Graphische Sammlung, München 1987 · Eggert, Klaus: Friedrich von Gärtner. Der Baumeister König Ludwigs I., München 1963 · Fürst, Max: König Ludwig I. von Bayern und seine Bauwerke, München 1918 · Graeter, Michael, ExtraBlatt, Langen Müller, 2009 · Hass, Frithjof: Hans von Bülow, 2002, S. 162 · Hamann, Brigitte: Elisabeth. Kaiserin wider Willen, München 2002 · Hamann, Brigitte (Hrsg.): Elisabeth, Stationen ihres Lebens, München 1998 · Hederer, Oswald: Friedrich von Gärtner 1792–1847. Leben Werk, Schüler, München 1976 · Heigel, Karl Theodor: Ludwig I. König von Bayern, Leipzig 1888 · Heydenreuter, Reinhard: Spuren der Wehmut. Kaiserin Elisabeths Reisen durch das alte Europa, Regensburg 1998 Hoffmann, Moritz: Geschichte des deutschen Hotels vom Mittelalter bis zur Gegenwart, Heidelberg 1961 · Hubensteiner, Benno: Bayerische Geschichte, München 1950 · Ischinger, Wolfgang: Towards Mutual Security, Fifty Years of Munich Security Conference, Vandenhoeck & Rupprecht, 2014 Kraus, Werner (Hrsg.): Schauplätze der Industriekultur, München 2006 · Liebhart, Wilhelm: König Ludwig I. von Bayern und seine Zeitgenossen: Biographische Essays, Berlin 2003 · Montez, Lola: Memoiren der Lola Montez, München 1851 · Müller, Rainer A.: Unternehmer – Arbeitnehmer. Lebensbilder aus der Frühzeit der Industrialisierung in Bayern, München 1987 · Nerdinger, Winfried (Hrsg.): Friedrich von Gärtner. Ein Architektenleben 1791–1847. Ausstellungskatalog, München 1992 · Obermaier, Hannes: Hunters Treibjagd, Droemer Knaur, 1975 · Pfister, Kurt: Frauenschicksale aus acht Jahrhunderten, München 1949 · Pulver, Max: Spaziergang mit Franz Kafka, in: Als Kafka mir entgegenkam ..., Erinnerungen an Franz Kafka, hrsg. von Hans-Gerd Koch, Berlin 1995 · Rauth, Reinhold; Seymour, Bruce: Ludwig I. und Lola Montez. Der Briefwechsel, München 1995 · Riepertinger, Rainhard (Hrsg.): Bayern – Italien. Bayerische Landesausstellung 2010, München 2010 · Riess, Curt: Sie haben es noch einmal geschafft, 1955 Schmitt, Michael: Palast-Hotels, Architektur und Anspruch eines Bautyps 1870–1920, Berlin 1982 · Schmidt-Polex, Carl: Wer mit wem wann und wo, in: Zeit 22.10.1971 · Schweiggert, Alfons: Franz Kafka in München: Zwischen Leuchten und Finsternis, München 2007 Seger, Cordula; Wittmann, Reinhard (Hrsg.): Grand Hotel, Bühne der Literatur, Dölling und Calitz, 2007 · Sommer, Sigi: Der große Blasius, 1996; Der Spaziergänger, 1998; beide: Edition Schulz · Stach, Rainer: Kafka. Die Jahre der Erkenntnis, Frankfurt a. M. 2008 Stölzl, Christoph: Die Zwanziger Jahre in München, München 1979 · Volkhardt, Falk (Hrsg.): Hotel Bayerischer Hof, Die ersten 150 Jahre Volkhardt, Hermann (Hrsg.): München und sein Hotel Bayerischer Hof, 1939 · Wagner, Richard: Mein Leben. Hrsg. von Martin Gregor-Dellin, München 1994 · Wenzel, Maria: Palasthotels in Deutschland. Untersuchungen zu einer Bauaufgabe im 19. und frühen 20. Jahrhundert, Hildesheim 1991

Bildquellen:
action press S.186; Ackermann, Astrid S. 171; Agence Jouin Manku S. 215; Bitton, Mathieu S.150; Brauer Fotos S. 88–89, 131, 177; dpa S. 85, S. 87; Getty Images S. 91; Hoepker, Thomas (Magnum Images) S. 116; Kuhlmann, Michael S. 183; Mörk, Kai S. 183; Pitt, Frank S. 178; Schneider Press S. 86–91; Zwez, Sebastian S. 184. Wir haben uns bemüht, alle Rechteinhaber ausfindig zu machen. Sollte dies aus Ihrer Sicht an einer Stelle nicht der Fall sein, bitten wir um Mitteilung.

IMPRESSUM

Herausgeber
Innegrit Volkhardt

Verantwortlich für den Bayerischen Hof
Ulrike Barcatta

Chefredakteur
Philip Reichardt

Art Director
Dirk Meycke

Fotografen
Ali Kepenek, Benjamin Monn, Schöttger

Illustration
Jörn Kaspuhl

Autoren
Franz Beckenbauer, Patricia Bröhm, Ulrich Clewing, Arthur Cohn, Ralf Dombrowski, Thomas Gottschalk,
Stefan Kornelius, Jeff Koons, Henriette Kuhrt, Heiner Lauterbach, Christian Mayer, Anna von Münchhausen,
Albert Ostermaier, Philip Reichardt, Max Scharnigg, Carmen Stephan, Marie Waldburg,
Innegrit Volkhardt, Margot Weber

Historische Recherche
Neumann & Kamp

Schlussredaktion
Edda Benedikt (Lektorat), Gisela Wunderskirchner

Übersetzung
Peritus Language Services
Dagmar Dolatschko, Marissa Wright, Betty Howell

Projektmanagement
Marlene Bücheler

Herstellung
Lars Reinecke

Verlag
Condé Nast Verlag
Condé Nast Manufaktur
Karlstr. 23, 80333 München

Operational Head: Wolfgang Sander
Creative Head: Doris Huber

Repro
Journal Media GmbH
Richard-Reitzner-Allee 4
85540 Haar

Druck
Mohn Media
Carl-Bertelsmann-Str. 161 M
33311 Gütersloh

AUTORENNACHWEIS
Patricia Bröhm S. 140 · Ulrich Clewing, S. 204 · Ralf Dombrowski S. 186 · Stefan Kornelius S. 180
Henriette Kuhrt S. 200 · Christian Mayer S. 128 · Anna von Münchhausen S. 188 · Philip Reichardt S. 40, 48, 54, 72, 76, 80,102,108,112,120,
154,162,174,196, 216 · Max Scharnigg S. 10, 22, 42 · Carmen Stephan S. 16 · Marie Waldburg S. 84 · Innegrit Volkhardt S. 94
Margot Weber S. 26, 30, 34, 44, 170